岳朗 著

古代落榜青年的奋斗

煤炭工业出版社

· 北 京 ·

图书在版编目（CIP）数据

古代落榜青年的奋斗／岳朗著． -- 北京：煤炭工业出版社，2016（2023.6 重印）

ISBN 978 - 7 - 5020 - 5642 - 1

Ⅰ.①古… Ⅱ.①岳… Ⅲ.①人物—生平事迹—中国—古代 Ⅳ.①K820.2

中国版本图书馆 CIP 数据核字（2017）第 000787 号

古代落榜青年的奋斗

著　　者　岳　朗
责任编辑　马明仁
特约编辑　郭浩亮　汪　婷
特约监制　朱文平
封面设计　木　森

出版发行　煤炭工业出版社（北京市朝阳区芍药居 35 号　100029）
电　　话　010 - 84657898（总编室）
　　　　　010 - 64018321（发行部）　010 - 84657880（读者服务部）
电子信箱　cciph612@126.com
网　　址　www.cciph.com.cn
印　　刷　三河市金泰源印务有限公司
经　　销　全国新华书店

开　　本　710mm × 1000mm 1/16　**印张**　16　**字数**　210 千字
版　　次　2017 年 2 月第 1 版　2023 年 6 月第 3 次印刷
社内编号　8505　　**定价**　39.80 元

版权所有　违者必究

本书如有缺页、倒页、脱页等质量问题，本社负责调换，电话：010 - 84657880

序　言

这里有两份名单。

一份如下：孙伏伽、颜康成、宋守节、弓嗣初、郑益、许且、程行谋、王阅、刘单、赵岳、羊袭吉、杨护、张式、杨凭、丁泽、黎逢、王储、魏弘简、崔元翰、郑全济、张正甫、牛锡庶、卢顼、尹枢、贾稜、苑论……

另一份如下：孟浩然、杜甫、张继、韩愈、黄巢、陆游、柳永、姜夔、王冕、唐伯虎、文徵明、祝枝山、徐霞客、冯梦龙、李时珍、蒲松龄、左宗棠……

看完之后，读者也许不知道这两份名单的来历吧。

也许，第一份名单我们都很陌生，而第二份名单中的人物我们几乎个个都熟知，因为他们无不是各自领域的翘楚。其实，第一份是唐朝历届状元名单（不完全统计），而第二份则是各朝的落榜生不完全名单，上面之人无一例外都曾惨然落榜。允许你惊讶，但请千万不要怀疑，这是不折不扣的事实。

而且，第一份名单中的崔元翰，当年更是相当了得，他可是“三元及第”。三元，是指他曾经考过乡试第一、会试第一、殿试第一，连续考中三个第一名，在古代依次称为解元、会元和状元，由此得名。

这样的“三元及第”，在整个古代科考中，据说仅仅出现过十几位，难得至极。

然而，这些曾经的高才生如今又有多少人知道呢？他们是哪个时代的人，曾经做过什么，留下过什么作品，几乎没人知道。

而第二份名单，他们的大名几乎是如雷贯耳，甚至今天他们还被世人挂在嘴边。对他们的生平与成就，我们大都了解得很清楚。

当然，本书的观点并非认为考中状元的籍籍无名，而考不上的流传千古，更不是说即使考不上也会流传千古，那样太鸡汤、太成功学。不能简单地将考上或考不上状元与青史留名等同起来，再蛮横地把青史留名和成功等同起来。

本书要强调的观点是：即使一次两次，甚至几十次科考失败，人生也没有被设定。

在当时，他们是一群落榜生，不折不扣的考场失意人，曾被历史打为不及格，但是他们个个最终却值得历史铭刻。这正是让人惊讶的地方。

他们都是在科举考试中失败过的落榜生，跟今天高考落榜有些相仿。

不过，如果将古代的科举考试比作今天的高考，这并不严谨。其实，古代科举考试相当于当今的高考、公务员考试以及国家干部招聘考试的三合一。一旦通过就有当官的资格，可以进入公务员行列。

在古代，金榜题名，当然是高兴的事儿；名落孙山，没有人不郁闷。灰心的人有之，放弃的人有之，遁世隐居的人有之，自暴自弃的人有之，甚至反政府的人也有之。

总之，有中榜，就有落榜。几家欢乐几家愁，从古如斯。

当然，每个落榜生落榜的原因也各有不同，最离奇的一次当属唐朝的一篇“零分作文”。考生名叫祖咏。这场作文题目是《终南山望余雪》，要求是写一首六韵古体诗，字数规定为60字，不能多，也不能少。

这位考生一看题目，诗兴大发，一挥而就，写下了这首诗：

终南阴岭秀，积雪浮云端。

林表明霁色，城中增暮寒。

于是，他乐滋滋地当场第一个交卷。

然而，自我感觉良好，并不代表主考官认可。主考官一看，问怎么才写了三分之一，这不是没写完吗？考生祖咏回答说，我要表达的已经完全表达清楚，不用再浪费笔墨了。

这也许是中国古代最早的“极简主义”吧。

但是主考官并不买账，在他看来，作文字数远远不足，没按要求来，完全不合格。最后，祖咏的这篇作文得了“鸭蛋”。

结果可想而知，祖咏不得不落榜而归。但是，他的这篇落榜作文却流传千古，传诵至今。

到了晚唐，还有另一位考生，名叫高蟾。据说他是个科考“专业户”，屡战屡败，却又屡败屡战。一次又一次落第，也许别人会消极悲观，甚至一蹶不振，但这位考生没有。他很自信，不但相信自己的实力，更加相信自己的前途。因而，他给当时一位姓高的副部长寄了一首诗——《下第后上永崇高侍郎》：

天上碧桃和露种，日边红杏倚云栽。

芙蓉生在秋江上，不向东风怨未开。

天上碧桃，日边红杏，很明显，是暗喻那些有背景的人，因而得以青云直上、金榜题名，但他不屑。这位考生将自己比作清高的芙蓉，不染尘埃，与碧桃、红杏相比，两者的品格堪称天壤之别。

芙蓉没有盛开，是因为东风未至，我并不会抱怨。

落榜生高蟾用这首诗表现了自己的不凡人格。也因此，这首诗很快在当时就赢得了诗坛许多名家的赞赏。

而据说，在下一次科考中，高蟾果然金榜题名。

所以，一千多年的科举考试，就像当今的高考、公务员考试以及国家干部招聘考试，见证了无数考生的命运，或者曲折坎坷，或者一帆风顺。

但是，曾经的各种不幸和坎坷，却似乎更能让人生显得丰满，而不是直线般的单调。

岳朗

2016 年 12 月 1 日

目　录

唐朝篇

宋元篇

明朝篇

清朝篇

唐朝篇

陈子昂：前不见古人，后不见来者

——史上最会“炒作”的考生

时代：初唐

落榜：1 次

职业：麟台正字、右拾遗

成就：“诗骨”、初唐诗坛先驱

公元 680 年，京城长安，秋风瑟瑟。

一个聪颖过人、抱负不凡的年轻人信心满满地参加科举考试之后，竟意外落榜了。他叫陈子昂。

这是一名豪放不羁的青年学子，更是一位极为自负的高才生。他的才情、秉性，仅仅从他那首旷古绝今的代表作——《登幽州台歌》，就可以完全看出来：

前不见古人，后不见来者。

念天地之悠悠，独怆然而涕下。

这首小诗貌似简短，寥寥二十几个字，严格来说既非绝句，更非律诗，也算不上是词，但这不妨碍这首小诗的伟大，它是一首包举宇内、横扫六合的雄浑之作。

这首诗表面上不无伤感之意，似乎在感伤自己的寂寞，但这绝非平凡人的那种寂寞，而是一种“高处不胜寒”式的寂寞。由此也可看出，陈子昂这个人，胸中郁结着一种抚今追昔、睥睨一切、天上地下唯我独尊的寂寞。

这种气格不是一般人所具有的，除非是天才。

的确，从他的人生经历就可以发现，从一开始，陈子昂就不是那种手无缚鸡之力的文弱书生，而是一位胸怀浩然之气的侠士。

在这里，需要说一下当时那个时代的特征。

唐朝既是一个热衷文学的国度，同时又是一个崇尚侠客的朝代。尤其是长安古城，更是游侠遍地、英雄辈出。而陈子昂，就是一位沐浴着时代风气的佼佼者。

根据史书记载，陈子昂这位四川才子，从小并不怎么喜欢读书识字，却格外崇拜古今侠客，任性纵气，喜欢四处游荡，替人打抱不平，慷慨散财，济危救困。当然，我们的陈少侠首先是位富家子弟，有的是宽绰的资本，不愁花。这个前提得在此说一下。

当然，如果一直这样不读书，这样的陈子昂就不会有什么长进，也不会有远大的前途，后来的人生更不会有什么出彩之处。幸运的是，就在一个青年成长、定格的关键时期，陈子昂开始反省了。他放眼四海，头一次开始思考自己的未来。

他及时地悬崖勒马，从而没有一直沉沦下去。

十八岁那年，陈子昂开始发奋读书，他不再四处游荡，不再凭着自己的那颗热气腾腾的熊胆继续混日子了，而是回归“时代潮流”——读书，参加科举考试。

盆地太狭小封闭了，憋得慌，长安城才是自己未来的人生舞台，他开始这么认为。

不过，陈子昂的科考之路有一个很大的不利因素，就是读书太晚了。相比众多从四五岁就开始摇头晃脑啃书本的学子们，陈子昂的起点原本就已经晚了好些年，因而他不仅需要疯狂地补课，还需要有超人一等的悟性，这样才能弥补自己早年缺失的读书岁月。

幸好，陈子昂这两点都具备。

才埋头苦读了几年，急不可待的陈子昂就雄心勃勃，自觉已是成竹在胸，并表示不应当再虚度光阴，像其他学子一样苦熬寒窗十年。于是，他背上行囊，孤身一人风尘仆仆赶到了首都长安。

这是外省高才生陈子昂第一次进京。来到繁华的大都市，虽然人生地不熟，没有任何亲戚朋友可投靠，但陈子昂却并没有感到忧愁或者彷徨，他卓有远见地认识到：长安城，是一个充满希望的地方。

他怀揣的那份梦想，将在此展翅高飞。

三年一度的科举考试恰好临近。那会儿，大唐主持科举考试的考官，是吏部考功员外郎，相当于今天的中央人事部人事司司长担任主考官。

其实，科举考试并非简单地只要通过考试就行。初唐的考试制度并不完善，还具有南北朝推荐制度的“后遗症”。因此，要想金榜题名、考中进士，通常有两条途径：一是老老实实地考试，凭借自己的实力拿到高分，并要能得到某位官场贵人的举荐；另一种就是单纯地走关系，让京城一些德高望重的大腕人物作为推荐人，不论是政界的，还是其他社会名流都可以，这样就可以绕过考试途径，直接担任官职，进入公务员行列。

当然，陈子昂并没有通过走关系。这只能说明一个问题：陈子昂太高傲了，他不屑于走关系、靠别人的推荐获得官职。

公元682年，心高气傲的陈子昂老老实实地参加了考试。

其实，古代的考试不太复杂，比较单一，基本考的就是单科，不像我们今天的公务员考试，既要考行政基础，又要考申论；也不像高考，除了语文，还要考外语，尤其还要考数理化、地史政。唐朝考试通常分两种，一是明经，一是进士科，但主要考的还是进士科。而进士科考的就是作文，不是诗就是文章。

对于陈子昂而言，作文基本上就是小菜一碟，他大步流星地踏进考场。

一进考场，坐在座位上，想到自己的鸿鹄之志就要在这里实现了，陈子昂不由得激动万分。激动归激动，他没慌张，也没怯场，没有丧失考场上应有的沉着、淡定和从容。然后他无暇四顾，提笔埋头就写，笔走龙蛇，文不加点，一挥而就。再看看其他考生，有的人还在绞尽脑汁地埋头苦思；有的人一边蘸着墨汁提笔，一边苦思冥想；还有的家伙干脆在昏昏沉沉地打盹。

陈子昂轻蔑地笑了笑，信心百倍地交了试卷。

出了考场，剩下的就是等待结果了，等待那个让每位考生激动的时刻。

希望越大，失望越大。放榜那天，陈子昂从榜首第一名看起，一直看到榜尾，却始终没有看到自己的名字。陈子昂先是意外，而后失望至极，甚至有些愤愤不平，自己怎么会落榜呢？这完全是不可能的事啊！

然而事实是，一个天纵之才，就这样莫名其妙地落榜了。

这对向来高傲的陈子昂来说，不啻为一次重磅打击。许多人遇到这种事，难免会灰心丧气、低落消沉，甚至想靠酒精来逃避现实。但是，陈子昂太高傲了，他并没有消沉，而是对自己的做法有些怀疑了。

他是一个善于发现新途径的年轻人，一个具有开拓精神的人才。

放榜之后，众多落榜的考生纷纷选择打道回府，回到家乡继续埋头苦读，而陈子昂没有。

他选择一个人留在陌生的长安城。首都的消费水平虽高，但他作为富家子弟，不愁盘缠。

这是他的资本。

在京城里，陈子昂积极备考，但他并没有头悬梁锥刺股式地苦读。这是他与众不同之处。他这种外向豪放型的人，自然少不了结交朋友，所以他在京城里经常干的事，就是四处闲逛，饱览京城风物，以便随时发现可结交的朋友。

就这样，一个轰动京城、震撼历史的插曲在此发生了。

某天，陈子昂在街上溜达，不知不觉就转到了东市上，这是个热闹的集市，陈子昂走着走着，无意间看到一个老头在角落里高声叫卖。他好奇地走近，发现那个老头卖的不是寻常事物，而是一件宝贝——价值连城的西域胡琴。

老头其貌不扬，胃口却不小，毫不客气地开价一百万钱。

当时，整个中原的汉人平日里大多弹奏的是七弦古琴，而胡琴来自遥远的西域，没几个人见过这种稀罕玩意儿，自然感到好奇。然而，因为对方开出天价，所以并没有人愿意掏腰包，不过前来围观的人却络绎不绝，很快就围了一大圈，将那个老头围在了中央。

虽然不时有高官、富商上前询问，但是他们并不识得这么个新奇玩意儿。因为无法证明这把胡琴的价值，这些人不敢贸然出手。

见此情形，旁边的陈子昂托着下巴冷静地盯了好一会儿。这时他脑中灵光一闪，想到了一个极妙的点子。只见他立即从人群中走出来，对胡琴的木材、琴弦以及音质一概不问，上前就跟卖主宣称；自己要买下这把琴，而且表示决不还价。同时，他高声吩咐自己的仆人叫辆车去拉钱来。

现场立即一片哗然。

一个貌不惊人的青年，竟然这么慷慨，肯花高价买下这么个优劣难辨的玩意儿，莫不是他的弹奏技术很高超？正当众人疑惑之际，陈子昂站在人群中央，高调宣称：在下对这种胡琴向来很有研究，而且擅长演奏，如果大家有兴趣的话，明天不妨前来敝舍，我将为诸位演奏一番。

陈子昂的住处在长安街宣阳坊。

第二天一大早，宣阳坊的一所住宅门前就等候了许多人，后面络绎不绝地还来了大约好几百人。

这时，陈子昂慢悠悠地捧着那把胡琴出门，站在人群中央。大家都将目光聚焦在他的身上，正要竖耳聆听他的琴技呢，没想到一件出人意料的事发生了。

陈子昂环顾周围，突然高举起那把价值百万的胡琴，然后往地上一摔。不用问，一百万打水漂了，那把胡琴被摔了个稀巴烂。

周围的人大吃一惊，还以为这个小伙子犯了什么神经病。

正当大家大惑不解、议论纷纷时，陈子昂开口了，高声宣称："其实，这把琴对我而言一文不值，而我的诗文却价值百万。在下并不会弹奏胡琴，这是卑贱的乐工的职业，我怎么会花心思在这上面呢？我最擅长的是作诗写文，想必长安城没有第二个人能超过我。而对于这点，大家一无所知，就像那把胡琴一样，大家并不知道它的价值，今天我想让大家见识一下鄙生的诗文！"

于是，陈子昂就将自己往日的诗稿免费分发给大家，人手一份，领完为止。人群中鱼龙混杂，但总有一些识货者。一些文人学士读后，果然赞不绝口。这招的确很高，一位外地青年对价值百万的胡琴弃如敝屣，这种行径自然产生了很大的轰动效应。没过多久，陈子昂的大名就传遍了京城。

当然，还有一个小小的前提，陈子昂的诗文确实不赖。

由此，陈子昂的诗名和人气在长安城日益蹿升，他一介外省书生，毫无背景，竟很快成了长安城的焦点人物。许多高官显贵、文坛名流纷纷以结识这位青年才俊为荣，时常邀请、拜访他，跟他结交、切磋。甚至，后来连当时的建安王武攸宜都很欣赏他，还聘他担任自己的书记员。

不过，陈子昂不大乐意做这份差事，没干多久，他就递了一份辞职书，同时打算回老家看望父母。临行之前，长安的朋友为他送行，他于是写了这首送别诗：

转蓬方不定，落羽自惊弦。山水一为别，欢娱复几年。
离亭暗风雨，征路入云烟。还因北山径，归守东陂田。

诗中明显没有摆脱落榜之后的那份失意，表达了自己的漂泊之苦，希望能隐居乡下去种田。但这仅仅是一时的念头而已，他并没有变得低沉。事实上，陈子昂回到家乡，并没有真的去种田，而是跟从一位高僧游历名山，一边赏美景，一边学习神仙之术，修身养性。

当然，陈子昂并不是跟着老和尚出家，而是为了放松身心，他远大的抱负依然潜伏在内心深处。

三年之后，下一轮的科举考试开始了，陈子昂再次来到熟悉的京城，踏进了考场。

不过，这次与上次不同，陈子昂早已名扬京师，他的个人才华也已经获得各界认可，而且还得到了一些贵人的推荐和帮助。

有了“双重保险”，不用猜，这次科考陈子昂定是一帆风顺。果然，在放榜那天，他不但榜上有名，而且名列前茅，顺利地成为新科进士。这年他才二十四岁。

顺理成章，陈子昂戴上了乌纱帽。

从此，他进入了中央机构，先后在朝任麟台正字、右拾遗等职。不过，担任公务员的他并没有放弃自己的创作。在业余时间，他始终用诗歌抒发自己理想和胸怀，一洗前代南北朝诗坛中遗留下的呛人的胭脂气。

最终，凭借自己的实力与那场“炒作”，陈子昂实现了自己的政治理想。同时，他也在诗坛上树立了一种豪迈的风骨——风骨峥嵘、寓意深远、苍劲有力，他也因此被后世誉为“诗骨”。

果真，千百年来，当他站在幽州台上，那样的身影之下，前无古人，后无来者。

所以，最终的结论是：有才华就要善于表现，千万不要掖着藏着，任何机会、策略都大可一试。

孟浩然：红颜弃轩冕，白首卧松云

——身居名流的资深隐士

时代：盛唐

落榜：1 次

职业：布衣、隐士

成就：著名诗人、“田园诗派”宗师

东晋时期出了一位不为五斗米折腰的隐士诗人陶渊明，而到了唐朝，另一位卓越的田园隐逸派诗人诞生了，他就是孟浩然。

他跟王维齐名，却被另一位天才诗人尊崇有加，佩服得五体投地，这位天才叫李白。李白很早就对孟浩然的大名如雷贯耳，曾由衷地敬服孟夫子（非孟子）的才华与高尚人格，而不是恭维，这里有诗为证——《赠孟浩然》：

吾爱孟夫子，风流天下闻。红颜弃轩冕，白首卧松云。

醉月频中圣，迷花不事君。高山安可仰，徒此揖清芬。

可以看出，李白几乎就是孟夫子的铁杆粉丝，以仰望的姿态，把他当作偶像来崇拜。在李白眼里，孟浩然就是一位风流才子，当然此风流非彼风流，而是潇洒之意。

确实，孟浩然是一位潇洒的诗人。

当然，孟浩然本人并不是一开始就喜欢做隐士，也不是看不起当官，更不是不愿意参加科举考试，而是他太清高了。清高的人往往被上司厌弃，所以孟浩然的结局跟这点有莫大关系。

需要提及的是，孟浩然还有一个特殊身份：他是孟子的第33代孙。作为圣人的后代，这点也许让孟浩然不无清高的资本。

还有一点，孟浩然与众多考生不同，他年轻时一直没有参加科举考试。因为，他是个大孝子。

四十岁之前，孟浩然一直待在老家湖北襄阳，侍奉双亲。由于遵奉“父母在，不远游”的古训教条，他始终没有远离家乡，就乖乖地守在父母身边。

在老家期间，孟浩然唯一的兴趣就是作诗饮酒。因而四十年来，他写下了大量的田园诗作。比如著名的《春晓》，就是他早年在家乡写的，这首诗至今家喻户晓，就连上幼儿园的小孩都会背诵。

等到孟浩然为二老送终后，这位隐居已久的诗人这才正式出山，来到京城长安，加入科考大潮里，寻求个人功名。

四十岁都中年了，还参加科举考试，听起来似乎有些不可思议。其实在唐朝，四五十岁应举的大有人在。因为当时进士科实在太难考了，当时流传这么一句俗语：“三十老明经，五十少进士”。

明经考的是四书五经的背诵，而进士则考的是个人才华。前者像是填空题，后者像是作文题。所以这句俗话意思就是说，三十岁考上明经都算是老了，五十岁考上进士，还算是年轻的了。可见五六十岁考进士的也大有人在。

所以，孟浩然四十岁考进士一点也不算晚。

不过，进士也是出了名的难考，所以孟浩然尽管写了那么多年诗，却并没有那么好运气，能一举中第。由于不清楚京城科举制度，第一次他就败北了。

落榜，没有人会高兴，孟浩然自然失落不小。

不过相对于其他落榜生，孟浩然还是淡定多了，因为他的才华仍然在京城这片天地里得到了许多人的赞赏，这多少令他内心感到些许安慰。

凭着才气与那份潇洒，尽管来到首都没多久，孟浩然这个外省才子就受到许多人的追捧，除了李白，跟他最要好的就是王维了，甚至连堂堂宰相张九龄都经常把他奉为座上宾。

据说，有一次，官方曾邀请孟浩然来太学（即古代官方贵族大学）做演讲，孟浩然欣然前来。在现场，孟浩然被请求赋诗几首。他毫不推辞，即兴发挥，面对贵族公卿，孟浩然慷慨赋诗。作品一出来，当即引起一片轰动，在座的无不为他的才华倾倒，纷纷搁笔，再也没人敢在他面前班门弄斧了。

自此，孟浩然的诗名更加远扬，甚至都传到了皇宫里，连皇帝都读过孟浩然的《宿建德江》《过故人庄》等名作。

看来，孟浩然似乎是一只“潜力股”，能让当时最高领导都对他刮目相看，那么他的前途应该不用太担忧，完全有机会实现自己的政治理想。

然而，一件意外之事却不幸断送了孟夫子的政治前程，甚至连科举考试的资格都丧失了。

这件事就发生在诗人王维的府上。

王维比孟浩然小，但是，这时王维已经高中进士，成为一名京官了，而孟浩然仍然是一介平民布衣。至于王维，他的科考非常顺利，完全是一个成功的案例。

当年，王维拿着自己的诗卷积极地寻找门路，走关系，拉人脉，并且找到了最大牌的靠山——玉真公主。

王维是个多才多艺的才子，不但写得一首好诗，而且善于绘画，同时精通音律，弹得一手好琴。无疑，这些都是王维最好的无形资本。

王维的好友当中有一位皇亲国戚，那就是岐王李范——皇帝李隆基的弟弟。此人爱好文艺，喜欢将一批文艺青年拉拢进自己的阵营，王维就是其中一员。

在参加科考之前，有个叫张九皋的书生找过玉真公主，打通关节，公主亲自给考官写过一封信，打算将张九皋内定为这次科考的状元。

这个消息被王维听说后，他大为着急，觉得不能把这个机会拱手让人，便急忙找岐王李范，让他想办法，看能不能让公主也给自己通个关系。

岐王不愧是王维的铁哥们儿，满口答应，并且给王维出了个点子：让他准备好十首诗和一首琵琶曲，五天后来岐王府。因为玉真公主喜欢琵琶。

一切按照计划进行，王维抱着琵琶来到岐王府。在岐王的安排下，王维弹了一首琵琶曲，玉真公主听了之后，激动之余，大为赞赏，便问这是什么曲子。

王维回答说，《郁轮袍》。

这时，岐王连忙让王维呈上自己的诗稿，公主阅览之下，更是由衷地佩服。于是，在岐王的推荐下，玉真公主将状元的头衔给位王维了。

就这样，这届的科举考试，王维一举高中，成为进士榜上的头名状元，官拜太乐丞。

相比之下，一把年纪的孟浩然则开始转入暮年，依然是布衣行头。不过，已为显贵的王维仍然十分敬佩孟浩然的人品与诗才，不时邀他来自己的府上，饮酒赋诗。

意外的事件就发生在这样的一天。

孟浩然在王维府上做客，正谈得兴起。突然，外面传来“皇帝驾到——”的声音。唐玄宗也是个文艺青年，无聊时喜欢与京城里的一些大才子交流切磋，所以不时地来王维这里私聊。不过，按照规定，平民百姓没资格面见九五之尊，孟浩然听闻皇帝来了大为吃惊，身为一介布衣的他赶紧躲了起来。

等到王维参见唐玄宗，两个人开始谈天说地，也说到文艺。王维就故意说起孟浩然的诗作，唐玄宗一听也来劲了，因为唐玄宗也曾读过孟浩然的诗，言谈间不无赞赏之意。

于是，王维就故意拐了个弯子，暗示皇帝要不要亲眼见见这位才子啊。

唐玄宗急切地表示，朕何曾不想啊，只是此人好像老喜欢隐居，二十年来一直不来京城应举，难得见一面啊。

王维一听这话，立即将孟浩然请出来，让他拜见皇帝。

孟浩然是诚惶诚恐，唐玄宗是惊喜不迭。

既然唐玄宗早就爱慕孟浩然的诗作，少不了问他有什么新作，让自己拜读拜读。孟浩然连称不敢，但还是急忙将自己的一些诗稿呈了上来。

一边王维更是心花怒放，心想，这要是哪首诗被看中了，皇帝一高兴，随便赏个什么官，这不比科举考试来得快么，自己的朋友不就从此发达了？

然而恰恰相反，这个本该幸运的时机，却发生了不幸的事。

就在这些脍炙人口的诗篇里，唐玄宗偏偏读到了其中这首《岁暮归南山》：

北阙休上书，南山归敝庐。不才明主弃，多病故人疏。
白发催年老，青阳逼岁除。永怀愁不寐，松月夜窗虚。

这首诗是孟浩然落榜之后写的一首发牢骚的作品，打算年底回老家，学陶渊明那样“种豆南山下”，归隐田园。

更不幸的是，唐玄宗偏偏读到了其中这句“不才明主弃”，立马晴转多云，龙颜大怒，反问道：“你自己整天宅在老家，不来考试求官，而朕也未曾抛弃过你，甚至还一直希望你能入朝为官、为国效力，没想到你今天却这般诬赖我？”

这场邂逅，君臣间大为扫兴，唐玄宗拂袖而去，孟浩然满脸羞愧。

领导一句话，孟浩然从此就断送了官运。

于是，孟浩然也不再留恋京城了，第二天就骑马登程，返回自己的家乡襄阳，从此隐居在鹿门山一带，很少入世。

一个地方待得过久，也会穷极无聊，孟浩然坐不住了，只好一个人去江南漫游，在吴越一带游山玩水，好不自在。

之后，公元735年，襄州刺史韩朝宗派人求见，准备接孟浩然前往京城。原来，韩朝宗是孟浩然的朋友，曾与孟浩然约定一块去京城长安，并保证为孟浩然做宣传，在朝堂上推荐他。但是这时的孟浩然已经心灰意懒了，视一切皆为浮云，因而做了一回“小人”，到期爽约没有去长安。

不过，孟浩然始终没有完全放弃自己的政治理想，也许是他后悔了自己之前的那个决定，于是他改变了自己的想法。

公元737年，荆州长史张九龄将孟浩然召进自己的幕府，做自己的书记官。

早在公元733年，孟浩然曾给当时任宰相的张九龄写了一封书信，信里没多说废话，只有一首五律《望洞庭湖赠张丞相》：

八月湖水平，涵虚混太清。气蒸云梦泽，波撼岳阳城。

欲济无舟楫，端居耻圣明。坐观垂钓者，徒有羡鱼情。

这首诗写得很隐晦，这是清高之人喜欢的做事风格。表面上诗中写的是波澜壮阔的洞庭湖，实则是以象征的意味，暗示张丞相能提拔一下自己，好让自己不再做个有心无力的旁观者。

这封信送达了。但孟浩然当时因诗惹怒唐玄宗，放归襄阳。因而，张九龄也不敢再举荐孟浩然。

几年后，张九龄被贬为荆州长史，于是他将孟浩然召进幕府。但是，真正当上公务员的诗人并不自在，他已经习惯了无拘无束、自由自在的隐居生活，一进入制度体系中，他失望了。

于是，在张九龄手下没干多久，孟浩然就厌倦了，他歉意地交了辞职书，回到了自己的隐居之地鹿门山。

在这里，他继续写下了一些隐逸诗，其中最著名的就是《夜归鹿门歌》：

山寺鸣钟昼已昏，鱼梁渡头争渡喧。
人随沙岸向江村，余亦乘舟归鹿门。
鹿门月照开烟树，忽到庞公栖隐处。
岩扉松径长寂寥，惟有幽人自来去。

这首诗貌似七言律诗，其实是一首古体诗。黄昏时分，山上的寺院鸣响了钟声，码头喧哗，而诗人返回鹿门。长长的小径落满了松子，寂静无声，除了他，没有第二个人。只有他在享受着这一切。诗中的那份幽谧、幽雅、幽逸，让人向往，它展现了一位隐士的浪漫生活。

在孟浩然之后，山水田园诗派蔚然成风，影响了不少后世诗人。据说在他死后不到十年，人们就编订了他的诗集，并上交给国家图书馆——秘府，珍存起来。

其实，对于孟浩然而言，他的仕途之路并不如意，但他也并不倾心官场，而是更希望过着隐逸的生活。最终，他以自己的才华让自己过着充满诗意的生活。

那么，除了诗意的人生，还有什么更为重要呢？

杜甫：会当凌绝顶，一览众山小

——用笔赢得“诗圣”桂冠

时代：盛唐

职位：左拾遗、检校工部员外郎

落榜：2 次

成就：“诗圣”、伟大的现实主义诗人

俗话说：“无巧不成书。”历史似乎也非常巧合。

一位伟大的浪漫主义诗人，偏偏邂逅了另一位同样伟大的现实主义诗人。气质与风格完全相悖的两个人竟会相见恨晚，结成莫逆之交，这几乎就是一场奇迹。

这就是中国文学史上的“李杜”。两个人相差十多岁，杜甫算是小弟。

其中的细节是，杜甫刚好是第一次落榜，然后一不小心就撞上了当时被唐玄宗赐金放还的李白。两个人同是天涯沦落人，相逢之后便一见如故。

不过，当年相识之际，李太白的才华已经名闻九州，而且还曾受到皇帝的

赏识，被破例提拔为文学顾问，而杜甫还处在奔走求食的阶段。

这是杜甫一生中最艰难的时期。

其实，在大唐年间，甚至在十世纪之前，杜甫还没有那么大的名气，也没那么高的诗坛地位，“诗圣”的桂冠还没落在他的头顶上。

他籍籍无名、科场失意、落魄不堪，总之生活潦倒。据说，他晚年没有住房，居无定所，加上一次发洪水，杜甫只好把一叶扁舟当作自己的移动房屋，整天漂在河上，得以遮风避雨，但食不果腹，一直饿了七八天。最后幸而得到一位官员朋友的周济，谁知我们这位诗人的确饿慌了，见到食物就放开胃口，大嚼起来，不加收敛，谁知最后竟然因消化不良，撑死了。

总之，这个八卦流传广泛，可见杜甫的境遇悲惨。

杜甫的家境其实并不是很差，他爷爷曾在武则天执政时期跻身核心权力圈，并且是当时的诗坛领袖，他老爹也好歹当过参谋长和县令，因此他们家属于小公务员家庭。所以，根据当时制度，杜甫作为后代，享有不纳税、不服兵役的特权。

据说，杜甫自小就聪明，七岁开始作诗，十五岁就在河南家乡小有名气，但是之后的几年他没有去京城参加科举，而是跟随父辈漫游名山大川。似乎唐朝流行少年旅行的风气，总之，许多诗人都喜欢不工作，四处漫游。至少李白与杜甫都有这个共同特点。

杜甫先是游历了山西一带，接着，在江浙一带游历了长达四五年之久。也许，漫游久了，流浪的野心也就渐渐该收了。于是，公元735年，杜甫从江浙折到东都洛阳，打算在这里参加科举考试。

顺便说一下，唐朝有两个首都，一个是西京长安，一个是东京洛阳，不过以长安为主。洛阳之所以成为东都，源于隋朝。当年隋炀帝杨广为了便于游览，在洛阳另修建了一座皇宫，迁都洛阳，但是长安也没作废，两座首都并存。又因为长安在西，洛阳在东，因而，长安被称为西都，洛阳被称为东都。

在东都洛阳，杜甫第一次参加了科举考试，这年他24岁。

为什么杜甫选择在洛阳参加科考，而不是长安，这也许跟考试时间临近有关。长安与洛阳两地可能是同时举行考试，而杜甫先到达洛阳，再去长安赶考估计就来不及了。

在洛阳参加进士考试，面对命题作文，年轻气盛的杜甫成竹在胸，凭借着胸中那份无可匹敌的才气，文不加点，一挥而就。

杜甫信心十足地交卷了。没想到，最终却凄凄惨惨地收场了。

尽管杜甫的作文水平不赖，但是有一个致命硬伤，就是不合时宜。文章语言生动，辞藻华丽，但是思想内容却与时代格格不入，于是很不幸，作为官员子弟的杜甫首战即败，黯然落榜了。

接下来，科举败北的杜甫该如何选择呢?

也许，许多落榜生会选择立即回家复读，继续备战，为下一轮科举考试做准备。但是杜甫似乎不大在乎这次落榜，他依然选择了游荡。

他的旅行之路还没终止。

这次他的漫游目的地是齐赵一带，也就是山东、河北一带。当他来到山东时，注定他要登上五岳之首——东岳泰山，也注定了他要写下一首震古烁今的诗篇来。于是，具有恢宏之气的《望岳》诞生了：

> 岱宗夫如何？齐鲁青未了。造化钟神秀，阴阳割昏晓。
>
> 荡胸生层云，决眦入归鸟。会当凌绝顶，一览众山小。

这也是杜甫落榜后写的第一首诗，算是他的落榜诗吧。不过，诗中没有表现出灰心丧气的消极，而是展露了诗人对祖国大好河山的热爱之情，以及卓然独立、兼济天下的豪情壮志。胸藏层云，眼含飞鸟，居高临下，一览天下，一切似乎都在他的脚下，他相信，自己的人生终将达到这样的高度！

可见，杜甫是一位具有积极人生态度的人，始终是昂扬向上的，即使处在人生的低谷。在齐赵一带游历了一年多，杜甫取道返回，再次来到东都洛阳。

就在洛阳城，一场伟大的邂逅发生了。

两位大诗人，一个浪漫主义诗人，一个现实主义诗人，居然一见交心，甚至大有相见恨晚之感。不知道他们是在哪家酒馆相识的，或者是在哪条街道上碰上的，但是他们却在一面之后，莫逆于心，从此结下了“醉眠秋共被，携手日同行”的友谊。

两个人相差十多岁，却似乎没产生什么代沟，这点也让人大为惊讶。两位失意的高才生在洛阳相处了一段时日。

没想到，更为有趣的是，这两个人又在此遇到了另一位大诗人：高适。高适是盛唐著名的边塞诗人，与岑参齐名，从他的代表作《燕歌行》《别董大》，足以看出此人也属于豪放类型的汉子，因而与李白、杜甫相谈甚欢。

于是，三人商量着一起出发，去周边的开封、商丘一带游玩。三人行，自然是不亦乐乎。之后高适因公务在身，只得先行离去，杜甫与李白两个人继续漫游，来到山东沿海一带。就在这里，杜甫与李白挥手而别。不过，之后两个人竟在山东诸城一带不期而遇，他乡逢知己，不由得大喜过望。

然而，当他们再次挥手分别时，未来的“诗圣”与当时的“诗仙”从此无缘相见。

这次分别，是因为杜甫打算去长安参加科举考试，而李白是官场的过来人，已志不在此，因此两个人握手相别。

公元746年，杜甫来到长安城参加考试。不过这次考试不属于科举，叫制举，属于恩科，即朝廷为了招贤纳士而专门举行的一场官方大型录取考试。

杜甫从山东一路奔来，刚好赶在考试前夕到达。他信心满满地参加了考试，谁知，这场恩科的录取结果出来之后，轰动了整个京城。因为这次录取榜上是空白一片，也就是说没有一人考中。

原因何在?

事故完全在于主考官，这场恩科的主考官正是那位臭名昭著的奸相李林甫。

李林甫原本不学无术，胸无点墨，靠着拍马逢迎才爬上来的。他名义上是为唐玄宗招贤纳士，但在心里却非常担心那些有真才实学的人一旦被选拔上来，自己的宰相地位会受到威胁，甚至地位不保，所以他极不希望通过这次考试选拔出人才来。

身为主考官，录取权完全掌握在他手中，唐玄宗正沉迷于杨贵妃以及后宫佳丽的温柔乡中，因而被蒙在鼓里。李林甫心知唐玄宗不会过问，便放胆来了个一网打尽，不管是否有才学，一个都不录取，事后只要打个圆场就行。

这正是奸相李林甫的阴谋和伎俩。

于是，这年的黄金榜变成了“白榜”。

果然，白榜一出，京城哗然，天下哗然，考生们个个垂头丧气。唐玄宗也感到纳闷，问主考官李林甫原因，李林甫早已打好腹稿，直接回答：因为人才已经全都被收罗进朝廷了，今科没有发现一个值得录取的人才，一个都没合格。

这明显是天大的谎言，唐玄宗竟然信了，而且不可思议的是，他还为人才已经全被收罗进朝廷这个理由而高兴。一个皇帝做到这份上，真是荒谬到极点。

杜甫在这场闹剧般的恩科中，也毫无例外地成为全体落榜生中的一员。这次，失意的不单是杜甫一人，而是集体性失意。大家怀着一腔热血，却被当头泼了一盆冷水。

郁闷归郁闷，杜甫并没有绝望，考试之后的他发觉此路不通，开始选择另一条道路。

这条路就是献诗文，走关系，求举荐。于是，杜甫开始在长安城里到处活动，寻找贵人的援助。

但是天不佑人，杜甫是白跑了。

他曾不加选择地给奸相李林甫、杨国忠以及张垍等当朝高官写过自荐信，甚至还多次给前朝宰相韦嗣立之子——尚书左丞（相当于现在的国家纪检委书记）韦济写诗求荐。但是，这些统统毫无结果。

杜甫的愿望一次次破灭了。

这段求荐的日子，对于杜甫而言是无比黑暗的，也是最为凄凉的。这从他的作品中完全可以看出来。其中《奉赠韦左丞丈》里有这么几句：

此意竟萧条，行歌非隐沦。骑驴十三载，旅食京华春。

朝扣富儿门，暮随肥马尘。残杯与冷炙，到处潜悲辛。

从中，可见杜甫的尴尬、窘迫、艰难、落魄、卑微、可怜，这一切他都深切地品尝过。当然，这些彻骨的人间伤痛也为诗人今后的诗歌创作提供了宝贵的切身体验。

公元 751 年，命运仿佛终于给了诗人出人头地的一个机会。太白山有一个道士向迷信道教的唐玄宗声称，有个叫宝仙洞的地方藏有一本叫《妙宝真符》的秘籍。这完全是无稽之谈，但没想到，被派去寻找所谓的《妙宝真符》的刑部尚书（相当于现在的最高人民法院院长）张均竟然找到了那件“宝贝”。

这则新闻自然非同小可，杜甫立即发现了契机，当晚就洋洋洒洒地写了三篇文章，进献给唐玄宗，并祝愿领导能求仙成功。文章送到唐玄宗手里，领导一过目，大为惊讶，跟当年汉武帝惊讶司马相如的文采的表情差不多一样。唐玄宗有意赐杜甫一个官职，于是让宰相按照制度规定，考一下他的文章。

这位宰相就是李林甫。杜甫再次撞到了这个奸相的手里，自然没什么好下场。考试的结果，李林甫向皇帝表示杜甫才能平平，仅仅把他的档案留在了中央机构。

这说明还有机会，但是，李林甫当政时期，杜甫在京城永远没什么机会。但在生活的压力下，他仍然不得不到处活动，寻找机会。

直到四十四岁那年，杜甫的活动终于有了一些效果，先是他被朝廷任命为河西尉，大概相当于县政府办公室副主任，这是一个从九品的职位，是唐朝品级最低的官职，而且河西县地处偏僻，于是杜甫干脆推辞了。几个月之后，朝廷又委任他为京兆府兵曹参军，这次，杜甫接受了。京兆府兵曹参军就是太子的卫戍仪仗部队当中的一个参谋属官，负责管理一些兵甲器仗之类的事务，从八品下的职位，比之前那个大一点，好歹算是个官。

然而，就在杜甫上任不久，回乡探亲的时候，安史之乱爆发了，杜甫的人生似乎更为艰难了。

不过，所谓“国家不幸诗人幸”，在狼狈不堪的逃难中，在与最底层的百姓的相处中，诗人用自己凝练的诗句记录了那个时代的真实面貌，写出的诗作愈发光彩夺目，在后世被奉为经典，也最终使他的作品升华为“诗史”的高度。

历经磨难，一位绝无仅有的“诗圣”就此诞生了。

终其一生，杜甫最高的官职是左拾遗，只是个提意见的小小谏官，而且他在职的时间也不长；至于他后来的另一个公务员身份——检校工部员外郎，不过是挂了一个虚衔，属于建设部副司长代理，据考证，杜甫没有上过一天班。

幸而，杜甫一生没有攀得高官，否则，大唐帝国也许会多了一位平庸的政客，而少了一名顶尖的诗人。

张继：江枫渔火对愁眠

——失意的风景是种绝版的美

时代：盛唐

落榜：1 次

职业：检校祠部员外郎

成就：著名诗人

公元 750 年，大唐王朝那年的状元是谁？恐怕早已无人知晓。然而，后世却铭记了一位失意的落榜生的名字：张继。

因为一夜失眠，这个人就赢得了千古不朽的名声。

这听起来似乎有些荒诞，却是不争的事实。

其实，更是因为那首失意的咏叹诗，他从此光彩夺目，让整个姑苏城变得充满诗意，让一座寺庙的钟声穿越时空的长河。

然而，这些仅仅缘于那次不幸的落榜。

没有那次落榜，也许，张继这个平凡得没一点个性的名字压根就不会有人听说过，就像历朝历代那些不计其数的状元的名字一样，湮没在历史的长河中。

没错，张继是一个名副其实的落榜生。落榜本身是不幸的，但不幸只是短暂的，幸福与光明会接踵而至。

这次不幸事件，得从他年轻时的第一次赶考开始讲起。

青年才子张继寒窗苦读十载，踌躇满志，于是从老家湖北襄阳，一路风尘仆仆，越过秦岭山，奔向京城。半个月后，与天下所有的学子一样，张继自然也是满怀金榜题名的炽热梦想，急不可耐地赶到了繁华的京城长安。

通常情况下，全国各地的考生大都会提前一两个月来到长安，先适应一下首都的环境，也好让自己有充足的时间从容备考。

京城长安作为当时世界上最大、最繁华的国际大都市，消费水平远远高于全国其他地方。

据说，大诗人白居易年轻时曾来长安游学，拿着自己的诗作去拜谒当时颇有名望的诗人顾况。顾况听说他的名字叫白居易，就开玩笑说："长安城的柴米昂贵，白白居住可不是那么容易的。"但是，当他看了白居易的诗作后，大为赞赏，赶紧改口说："有这样的才华，也就不那么困难喽。"

可见，首都长安这块宝地，是普通人家的贫寒子弟消费不起的，一般人是难以久留的。

因此，每到科考季，富家公子大多会提前几个月来到长安，入住豪华酒店，从容备考，顺便在长安城优哉游哉地游玩一番；而贫寒子弟，则只能在临近考试日期的半个月，甚至在一周前匆匆赶来，这样才可节省一笔高额的食宿费。

值得一提的是，张继来到京城长安之后，很幸运地遇到了一位叫作皇甫冉的诗人。这个人也不是泛泛之辈，几年之后在科考中荣登榜首，一举考中状元。

能与未来的状元结交，也证明了张继交友的眼光。当时，两个人一见如故，相谈甚欢，很快就结交为好友。

进士科考的是诗文，张继的文才自然不在话下。

进考场那天，张继胸有成竹、自信满满，他一丝不苟、认认真真地答完了试卷，检查没有什么失误后，兴冲冲地提前交卷了。

这一刻，每个人命运已经注定，张继更是如此。

考完试，剩下的就是煎熬的等候。学子们个个心急如焚，等待自己的成绩，当然大家殷切等候的是金榜题名的那一刻。

半喜半忧，这几乎是所有考生此时的心理状态。每个人都希望自己曾经"三更灯火五更鸡"的拼搏努力有所回报，一举高中，天下知闻，然后插花游街，雁塔题名，最后衣锦还乡，光耀门楣。

放榜之日。

张继与众多考生一样，直奔长安大街，迫不及待地要在黄金榜上寻找自己的名字。

当然，查看榜上名单时的一个细节十分有意思。

大步流星地挤进人群，毫不迟疑，直接从榜首看起，这必然是一些自负或自信的考生，认为自己必然高中，状元非己莫属；另一些考生则钻在人群里，弯下小身板，战战兢兢、畏畏缩缩，而且用手遮住半只眼睛，从榜末往上挨个儿数，这必然是一些没多少把握的或者过于自谦的考生。

那么，张继本人呢？

不用说，他是从榜首的状元看起。当看到状元的名字不是自己时，虽然心中一阵忐忑，但仍抱着期待——总归自己的排名在前十名以内吧。这么想着，他的目光顺着扫过去，却郁闷地发现，前十名里没有他的大名。

张继有些扫兴，甚至没了再往下看的心情，因为他觉得即使中榜也没多少光彩了。

不过扫兴归扫兴，但还不致于绝望，他还是继续看了下去。直到耐着性子看完榜上左下角最后一名时，张继差点崩溃了，长长的榜单上竟然容不下他的名字。

甚至连不光彩的末名，他都沾不上。

再看看自己的那些同窗好友，平时不如自己的，竟然在榜上赫然在列，而且名次不差，这下张继更为沮丧。

张继低下头，不无羞愧地离开了人群，一个人悄悄地回了客栈，没敢让掌柜的瞧见自己的失落模样。

他不知道如何是好，是继续留在京城苦读，还是硬着头皮回老家，他迟疑不定。就这样，他在旅店里一待就是好几天。

然而，对于一个囊中羞涩的穷秀才而言，长安城实在不是一个久留之地，再这样待下去，就只有等着被掌柜扫地出门，或者睡大街乞讨的份了。

因此，张继再也无心留恋京城，匆匆收拾了行李，便只身一路南下。不过，张继并没打算返回家乡，一想到回去后要面对家中亲友，他多少有些赧颜。

于是，张继绕过家乡，继续乘舟沿江而下，一直向东，来到吴越之地——姑苏城。

姑苏城即现在的苏州。俗话说：“上有天堂，下有苏杭。”苏州是一个风景秀丽的江南水乡，来到这块天堂富庶之地，原本可以散散心，排遣烦忧，然而这里的繁华景象并没能驱走张继心中那份挥之不去的忧愁。

远离了京城长安这片伤心之地，他依然沉浸在名落孙山的失意之中。

这里，他没有朋友，更没有亲戚，孤身一人，面对他乡陌生的景象，这一切跟他无关，他只是一个无名的过客，落魄而失意。

来到苏州，这位落魄的书生一个人百无聊赖地游遍了城里几乎所有的街巷、园林，也游逛了城外的一座名叫寒山寺的寺庙。

当年的寒山寺，只是位于姑苏城西门外运河边上的一座荒寺，幽静冷清、人烟稀少。

据说这座寺庙兴建于梁代，初名“妙利普明塔院”。唐朝时，出现了两位另类、个性的和尚，一个叫寒山，另一个叫拾得，他们俩从天台山来到苏州，在此担任住持，从此该寺改名为寒山寺。

傍晚时分，出了寺院，张继没有进城。城里的客栈，他可能住不起。

索性，今夜就暂且在城外过一夜吧。于是，他让船夫将船只停泊在枫桥之下，一只客船就成了他今晚的小小旅舍，漂浮在江上。

但是，这一夜他彻底失眠了。

落第的悲伤、思乡的惆怅、此刻的寂寞，这一切伤感和失落都萦绕在他的内心，此刻化为一团浓浓的愁绪。

四周静默，月落西斜，乌鸦几声扫兴的哀鸣，打破了这片死寂。此时已是夜半，突然一阵钟声从郊外寒山寺悠悠然滑过渔火点点的江面，传到舟中，回荡在张继的心间——他更无心入眠了。

失眠往往是灵感的催化剂。

于是，一首不朽的诗注定诞生。这位落榜生，推枕而起，坐在船头，低吟了这首《枫桥夜泊》：

月落乌啼霜满天，江枫渔火对愁眠。

姑苏城外寒山寺，夜半钟声到客船。

这位失意的落榜生，就这样度过了一个漫长的不眠之夜。

然而，落榜的张继恐怕不会想到，这首失意之作却给他带来了永久的名声。如果不是张继，枫桥也就是一座普通得不能再普通的石拱桥，寒山寺也不会跻身中国四大名寺之列。千百年来，后世不少文人墨客前来寒山寺缅怀张继。

一次落榜，反倒成全了他的千古诗名。

再说当时，张继在苏州没有逗留多久，最终还是返乡了。张继不想让家人过度担忧，但他已经有一个决定：复读。

张继回到了家乡，埋头苦读，一晃又是三年。

唐代的进士科举是每隔三年举行一次，所以失败一次，就只能等候漫长的三年，这也是历朝历代许多落第书生之所以会考到胡子一把的年纪的缘故。想想看，若是考十次，那么人生中半个甲子的大好光阴就消耗掉了。看来，在古代备战科考，屡败屡战，无异于一场艰难的岁月长征。

天宝十二年，即公元753年，秋天渐浓，张继再次踏上了去往京城的赶考旅程。

到了京城，他没换地方，仍然选择了三年前的那家客栈。有了上次的失败经验，尽管心中不无忐忑，但他这番更有信心，在考场上也更驾轻就熟。

这次，命运似乎眷顾了他。对他而言，试题不难，轻而易举就答完了，一切都进展得很顺利。

放榜那天，张继终于兴奋地看到了自己的名字列在榜上。

他果真如愿以偿地金榜题名了。

当年的失意再也不算什么了，曾经的那些悲伤与苦闷，都被前景的光明照耀得无影无踪。而他在人生的低谷期留下的那首不朽的诗作，更是为他赢得了千古名声，这就叫塞翁失马，焉知非福。

阳光总在风雨后，曾经的落榜生如今荣耀地戴上了乌纱帽。

总之结论是：乌云遮不住太阳，才华也终究是遮掩不住的。而且，失意也不一定就是坏事，甚至是幸事。

如果没有那次落榜，张继能写出那首千古流传的诗作吗？很难说。可见，比起完满的结局，精彩的过程往往更重要，即使它存在某些曲折。

小小的不幸和挫折，往往只是锦绣前程的序曲而已。

钱起：不遂青云望，愁看黄鸟飞

——终列“大历十才子”之首

时代：中唐

落榜：4 次

职位：考功侍郎

成就：著名诗人、“大历十才子”之首

中唐大历年间，有一位考生曾屡次落榜，而最终却以一篇满分作文金榜题名，位居榜眼，取得全国第二名的好成绩。如果放在今天，这简直是个奇迹。

他就是大历十才子之一——钱起，后因官居考功郎中，当时人称“钱考功”。

说到大历十才子，那可是中唐时期整个诗坛的佼佼者，可谓是诗坛十大明星。当时正值大历年间，文化昌盛，才子辈出，有人便将天下最有才华、最负盛名的十位诗人列成排行榜，遂称之为“大历十才子”。这份排行榜的名单如

下：钱起、韩翃、司空曙、卢纶、李端、吉中孚、苗发、崔峒、耿湋、夏侯审。

毫无疑问，这十大才子之中的佼佼者、堪称中唐“桂冠诗人”的，正是钱起。

可是，知道钱起曾经落榜的人恐怕不多，而且钱大诗人的落榜次数还不止一两次。他当年在作文考场上几乎是屡败屡战型的人，这完全可以从他写的那些落第诗中找到证据。从数量上看，钱起的落第诗一首接一首，比起其他诗人要多得多。而且文采斐然，凄苦悲凉。

当然，他并不是一个始终背运的人。最终功夫不负苦心人，他一朝金榜题名，以一篇满分作文考中进士。这篇满分作文，也成了中国文学史上最为著名的一首应试诗，流传千古。

这次考试作文出得比较玄，题目叫“湘灵鼓瑟”，于是钱起就写下了这篇应试作文《省试湘灵鼓瑟》：

善鼓云和瑟，常闻帝子灵。冯夷空自舞，楚客不堪听。

苦调凄金石，清音入杳冥。苍梧来怨慕，白芷动芳馨。

流水传湘浦，悲风过洞庭。曲终人不见，江上数峰青。

这首诗写得很好，尤其是末尾两句“曲终人不见，江上数峰青”，意境高远，堪称绝唱，为全诗增色不少，一下子就让考官眼前一亮，大为激赏，于是立马将这篇列为满分作文。

这也许是中国文学史上唯一一篇被官方认可并流传千古的应试作文。与此命运相反的，则是初唐考生祖咏的那首同样大名鼎鼎的应试诗《终南望余雪》。

尽管两者都是名作，但钱起因自己的应试诗被录取，祖咏的诗当时却由于不够字数的缘故，被判为零分作文。

据《唐诗纪事》记载，当年，祖咏来京赶考，一看试卷上的考题是“终南余雪”。祖咏在脑海里想象了一番，于是援笔而就，一气呵成，写下了这首《终南望余雪》：

终南阴岭秀，积雪浮云端。
林表明霁色，城中增暮寒。

一幅完整的画面转化成四句诗，简洁精练，而且十分贴题。祖咏一看没有增删的成分了，于是第一个交卷。主考官一看这位考生只写了四句，很纳闷，便问：为什么不写完就提前交卷?

祖咏：我的意思表达完全，不需要再废话了。

主考官无语。

结果，阅卷老师们读了之后，都表示欣赏，但还是给了他零分，祖咏名落孙山。

原来，祖咏当年的作文要求也是这个格式，六韵十二句，而祖咏仅仅写了四行就交了卷。尽管诗写得不错，但字数远远不足，由于不达标，因而被判零分。

这只能说明唐朝科考制度的死板，不允许考生自由发挥，违背不拘一格取人才的方针。

这种僵化的考试制度，如果没遇到开明的主考官，是很容易导致真正有才学的考生被埋没的。而考生钱起也许就因为如此，才频频落榜，一直被埋没了多年。

钱起来自浙江，是一位不折不扣的江南才子。

他的出身背景不好，属于草根阶层。在古代，对于贫困生而言，他们的人生出路不是很多，而考取进士，就是最大的出路。

毋庸置疑，钱起是一个聪明的学生，而且资质不俗，学习热情也很高，就是少年时的运气不大顺，因而多次在科场中碰壁。但他一直没有回头，为了生存，也为了声名。

考取进士的目的，不是为了谋求生计，就是为了建立功名，甚至还有光耀门楣的打算。总之，考取进士可以名利双收，因而竞争者成千上万，不惜挤破头。

其实，古代考进士通常有两条途径。

一条是入读官方学校，地方的或者京城的，这叫国子监。在国子监毕业的书生，叫生员，到时可以直接参加礼部举行的科举考试，但能获得这个资格的大多是富家子弟或贵族子弟，因为进国子监需要相当的资本。

另一条途径，就是广大贫寒子弟能选择的唯一途径——十年寒窗，中间需要通过地方逐级选拔性考试，之后才能领到准考证，获得考取进士的资格。

这个地方选拔性考试，大体分为两个环节。第一级考试，叫童试，属于最初的低级考试，当地政府每年举行一次，原则上年龄不限，但考生大多是少年，失败了可以继续考，如果运气太背，甚至四五十岁还没过关，那就是老童生了。

童试差不多就相当于预赛，但还不在真正的科举制度之内。童试过关了，考生就有资格称自己是秀才了。这也就是古代真正读书人的资格，成为秀才后会受到政府的一些特殊照顾。比如在周星驰那部喜剧电影《九品芝麻官》中，方唐镜是一位秀才，虽然被拷问，但不会受到任何刑罚。这就是古代秀才的一个特权。

成为秀才之后，才有资格参加三年一次的乡试。

乡试属于科举考试的第一环节，每年秋季在各省省城进行，因而也叫秋闱。考试上了分数线，那么就是举人，从而有资格参加下一轮中央举行的会试。举人的第一名，有个特称，叫解元，明代的唐伯虎就一举考中解元。至于小说里的范进中举，也就仅仅通过了乡试，成了举人，但这已经让那位蹉跎多年的考生喜得发疯，看来迷信考试令人中毒不浅。

会试在首都举行，由教育部副部长主持，具体地点在中央贡院，时间是在乡试之后第二年春天，同样也是每三年一次，周期同样漫长，失败一次，落榜的考生往往是很受煎熬的。

参加会试的生源，这时就分两种，一种是那些举人，另一种则是上过国子监的贵族学生们，他们直接参加会试。会试通常的固定录取名额为三百名，如果考中，就是贡士。贡士的第一名称为会元。

会试之后，就是最高一级的科考了，即殿试，也叫廷试，由皇帝本人出题，在皇宫太和殿广场举行。说起殿试，是唐朝时由女皇武则天开创的，但没有形成正式制度，因此程序不固定，通常无需皇帝亲自出马，翰林学士或礼部官员就可主持。

通过了地方与中央的层层遴选，考中进士，自然是无比光荣和骄傲的事情，这便是金榜题名。当然，黄金榜上也有名次，前三名更是非同小可，尤其光荣，第一名叫状元，第二名叫榜眼，第三名叫探花。

考中了进士，如果不出现意外，基本上就等着做官吧。当然在任职之前，中央还会有一场小小的选试，来确定职位的分配，有点像今天的公务员考试。

这大概就是古代科举考试的程序了，可知，考进士并不简单，因为之前还需要披荆斩棘地通过多重“选拔赛”呢。

再说本节的主人公，考生钱起。

他作为贫苦子弟，自然不得不从童试，到乡试，再到会试，最终进行殿试，一步步经历这个漫长的考试“长征”。这是他谋生的道路，也是他跻身上层社会的唯一出路。

早在少年时，钱起就写下这样一首诗：

夜雨深馆静，苦心黄卷前。

云阴留墨沼，萤影傍华编。

梦鸟富清藻，通经仍妙年。

何愁丹穴凤，不饮玉池泉。

诗中无疑表露了他渴望通过刻苦读书，凭借科举之路飞黄腾达的远大志向。窗外连绵的夜雨淅沥沥地下个不停，他坐在宁静的深馆里，埋头苦读着发黄的书卷，直到凌晨时分仍不愿去休息。

如此艰辛的努力，都是朝着一个目标：金榜题名。他坚信，只要持之以恒，终有如愿以偿的一天。

这个年轻人始终抱着这个理想，在拼搏的路上不断奋斗。

天道酬勤，钱起的苦读果然没有白费，前面的那几轮选拔赛，基本上都是轻松过关，顺利地获得了贡士的资格。不过，到了考进士这一关，或许是由于前面太顺了，这时钱起的好运气渐渐耗尽了。

第一次考进士，他没过分数线，名落孙山。

钱起郁闷至极，落榜的滋味苦涩得令他缓不过神来。失望之下，他回到旅馆，一连几日不肯出门见人。这天正好是寒食节，看到窗外的杨柳依依，他不禁泛起愁绪，随即在旅馆的墙壁上题写了一首落第诗《下第题长安客舍》：

不遂青云望，愁看黄鸟飞。梨花度寒食，客子未春衣。

世事随时变，交情与我违。空馀主人柳，相见却依依。

一位失意的落榜生，孤零零地一个人过寒食节，落寞的他不愿见任何人，却连看到门前的柳树都觉得动情。此情此景，令人心酸。没过多久，钱起不得不打道回府，继续回乡苦读。

第二次，钱起还是抱着高涨的热情，没想到，这次还是名落孙山。

第三次，谁知比上次还差劲。

第四次，上考场时，钱起打起了十二万分精神，一丝不苟地谨慎答卷。但最终放榜那天，他仍没能看到他想要的结果。钱起快要崩溃了。在极度失落中，他独自徘徊在长安城中，仰天长吟了这首《长安落第》：

花繁柳暗九门深，对饮悲歌泪满襟。

数日莺花皆落羽，一回春至一伤心。

回首往事，一晃十多年的大好光阴就这么蹉跎了，这时的钱起已经愁得头发都白了。连着四次落第，这已经不仅仅是抱负无法实现的沮丧，而且也严重挫伤了自己内心的那份骄傲，令他益发抬不起头。

因此，没多久他又给担任国务院秘书的一位姓裴的朋友寄赠了一首诗，抒发自己的郁闷之情，即《赠阙下裴舍人》：

二月黄鹂飞上林，春城紫禁晓阴阴。

长乐钟声花外尽，龙池柳色雨中深。

阳和不散穷途恨，霄汉常悬捧日心。

献赋十年犹未遇，羞将白发对华簪。

诗中表达了自己十年来的苦闷与失意，看到自己的白发，钱起觉得自己都过意不去了。难道是自己的才华不够吗？难道自己这辈子注定与功名绝缘吗？

自卑的情绪涌上心头，但是钱起始终不愿放弃。

临近第五次考试，钱起心中虽有千头万绪，可还是收拾行李，急切地赶往长安，这年已是天宝十年（公元751年），虽然他对这次考试已经不敢抱太大期待了，但无论如何还是要试一试，毕竟前途要紧。

钱起沉静地坐在考场中，打开试卷一看，题目有两个：一个是《豹鳥赋》，另一个是《湘灵鼓瑟》。

这种命题作文有严格的规定，必须写成五言体，六韵十二句，不得违反。甚至，写成绝句都是要扣分的。

尽管与往年同样是应试作文，但是这次，一看题目，钱起的内心立马平静了许多，因为这是自己平时十分擅长的题材。

成功永远是属于有准备的头脑，命运似乎在向钱起招手。

第一首，钱起几乎不假思索，一挥而就。到了第二首，这个题目明显跟远古神话有关，湘灵，即远古传说中的湘妃死后之灵，为湘水女神，就是舜帝生前的两位妃子，娥皇与女英两姐妹。

传说，舜帝去南方巡视，他的两位妃子娥皇与女英一路追随，直到湘水之滨洞庭湖，听到舜帝在苍梧之野去世的噩耗。于是两位妃子在附近的君山上哭得死去活来，最后泪尽而死。她们死后，就成了湘水女神，也称湘夫人。

瑟是一种弦乐器，鼓瑟就是弹琴之意，作文的题目要描写湘水女神弹琴的情形，这纯属虚构，考的就是想象力的发挥。只要想象力够好，一般不会丢分。

于是，钱起立即发挥想象力，一幅幅唯美而凄凉的画面从他头脑中闪过，他开始动笔了，没想到这次几乎毫不费力，下笔如有神助，一气呵成，如行云流水，比写第一首时还要顺利，而且最后两句，也仿佛凭空出现在笔下，压根就没思索过。

直到回头再看自己的试卷，钱起也是又惊又喜，简直有些不可思议，这等神来之笔，可不是通过冥思苦想就能得来的啊。

饶是久经考场的钱起，面上也忍不住流露出一丝得意之情，他站起身，提前交卷。

这次主考官是李暐，也是半个诗人，在众多试卷中，当他读到钱起的作文时，不由大为赞赏，尤其当他读到最后两句时，更是忍不住拍案叫绝，反复地击节吟弄，声称这简直就是千古绝唱，最后又不服气地加了这么一句，“这肯定是有神人相助！”

很快榜单贴出来了。

录取进士二十名，第一名状元是李巨卿，第二名榜眼就是钱起。钱起果真高居榜上前列，尽管不是状元，但也是荣幸地名列第二，从而一举扬名，天下皆知。

多少具有讽刺意味的是，当年的状元李巨卿还是应届生，而榜眼钱起则是多年的落榜生。

然而，所谓的状元试卷早已湮没无闻，没人知道他究竟写的是什么，而他本人也不过百年，就被世人遗忘得干干净净，湮没在历史长河的深底；钱起却被称为一代才子，连同这首应试作文，被后世留念至今，乃至更为久远。

看看，这才是真正的实力派！这与考试成绩无关，完全跟个人才华相关。

对于钱起，尽管他没少落榜过，但最终还是如愿高中了。他失意过，也荣耀过，他的科考生涯算是圆满的。

一句话，中榜是中榜者的幸运，落榜却是落榜者的财富。

韩愈：世有伯乐，然后有千里马

——史上最执拗的顽固考生

时代：中唐

落榜：3次

职业：京兆尹、吏部侍郎

成就：文学家、思想家、“唐宋八大家”之首

大唐贞元年间，有一位口吃的考生，说话磕磕巴巴，但这并不妨碍他写得一手好文章，并被公认为文章巨擘、百代文宗；他曾三次落榜，但这也并不妨碍他最终当上了国家人事部副部长。

这位曾经口吃的落榜生，叫韩愈。

其实说来，唐朝除了盛产诗歌和诗人之外，还有散文。说起唐代散文，谁都会第一个想到的代表性人物，也准是韩愈。没错，韩愈的确是一位散文大师，在鼎鼎大名的“唐宋八大家”中，他稳坐头把交椅，没人能超越。

所以，韩愈以文章而独步当世，而不是诗歌。当大家都一窝蜂地在诗坛上

寻求地位时，韩愈独辟蹊径，他走了另一条与众不同的道路。他选择了散文，这是他的聪明之处。

韩愈的出身不错，但命运多舛。

他不仅出身于当时的名门望族，而且还是干部子弟。韩家世代为官，他的老爹、爷爷、爷爷的爷爷都在中央和地方做过官。他老爹当过县长，在当时还是个小有名气的作家。韩愈有幸继承了老爹的文学基因。

不幸的是，韩愈刚出生没几天，亲娘就去世了；三岁时，他老爹又撒手而去。他一下子成了可怜巴巴的孤儿。

也许是离开父母过早，也许是受过惊吓，他从小就口吃，说话结结巴巴。古代医学不发达，技术非常有限，尤其是像口吃这种顽疾，一般治不好。所以直到长大，韩愈说话都还是结结巴巴。

幸亏，韩愈还有个年长他三十岁，已经成家立业的哥哥，名叫韩会。从此，他由哥哥抚养。谁知，天有不测风云，在韩愈十三四岁时，哥哥韩会不幸因病离世。自此，韩愈便由寡嫂郑氏一手拉扯大。

所以说，韩愈的家世很好，就是身世悲惨。

不过，一个人的人生积累还得靠自己。

韩愈天资聪颖，七岁时开始读书，到了十三岁时，他开始会写文章。当然，比起那些天才神童，年少时的韩愈或许并没有那么耀眼。

但他是一个十分用功、刻苦的学生。

十四岁那年，在嫂子的资助和鼓励下，韩愈只身去大都市洛阳求学。洛阳作为东都，是唐朝的第二首都，跟西都长安的地位相当，物华天宝、人杰地灵。

在洛阳城，他过起了清贫的苦学生涯，而他的苦学，在当时可是出了名的。

据说，韩愈平时只穿粗布衣服，每天只吃两顿饭，除了睡觉、偶尔去朋友家串门之外，其他时间都花在读书上。他读书时常太过入迷，上床睡觉时才发现已经凌晨了，但他第二天依旧天不亮就起床读书。

他曾在自传中，说自己每天都是“口不绝吟于六艺之文，手不停披于百家之编”，意思是他在学习中口手并用，博览群书，抄录笔记，从没停歇过，可见用功之深。

每到寒冬腊月，韩愈舍不得生火取暖，导致砚台的墨汁都结冰了，他就用嘴呵气，让冰融化，然后继续写；手冻僵了，就使劲搓搓，然后再写；背书直到口干舌燥，他就喝几口菜汤，继续背诵。

这种拼命的苦学精神，当时恐怕没有第二人能比。

就这样坚持了五年，韩愈的学业大进，而且很顺利地获得了乡贡资格。于是，他打算转学到长安继续深造，他相信，那里必然能让他学到更多的知识，拜识更多的名师。更重要的是，他要在长安参加科举考试。

公元786年，韩愈背着书箱，来到更为繁华的西都长安，这年他刚满十九岁。

在当时的长安文坛上，有两位重量级作家：一位是梁肃，另一位是独孤及。这两个人都是古文运动的倡导者，反对南北朝格式死板的骈文，主张先秦两汉的散文。

这点正符合韩愈的口味。因此刚来长安不久，韩愈就带着崇拜的心情，时常登门求教，并拜二人为师。

在名师的指点下，韩愈在文学上更上一层楼，进步神速。

秋去春来，花谢花开，转眼一年就过去了。三年一度的科举考试就要在教育部举行。尽管来长安才一年，但韩愈自信完全有足够的“资本”参加这场考试。

这次考试的主考官叫陆贽，作文题目是《不迁怒不贰过论》。陆贽在当时不仅官高位重，也是个文坛大家，因此他出的作文题非同一般。

“不迁怒，不贰过”，这句出自《论语》，意思是：遇到不顺心的事，不要怪罪别人；做错事，不要故意掩饰。看要求，这是需要考生写一篇立意高远的议论文。

不过，这篇作文对于韩愈并不难。拿到试卷，韩愈稍加思索，当即笔走龙蛇，一挥而就，并且第一个交卷。

怀着必中的信心，韩愈轻松考完了三场。他感觉一切都进展得很顺利，并且自信即便不能拿第一，也至少是前三名。

但是，这次他过于自信了。

唐朝的科考，要想金榜题名，除了文章好，还要会跑关系。也许是疏忽，也许是不屑，韩愈这次科考并没有去跑关系。而且更关键的是，当时的主考官陆贽是骈文高手，自然不喜欢韩愈的风格，仅看了几行，就把他的卷子丢在一旁。

韩愈就这样稀里糊涂地落榜了。

不过，韩愈并没有垂头丧气，更没有自暴自弃，很快他就调整好心态，继续复读。这一埋头复读，就是整整三年。

之后，韩愈两次前来长安参加会试，不料这两次，他仍是榜上无名。

对于一般人来说，如此连番的打击，精神没有不崩溃的，若是心理脆弱点的，估计自杀的可能也有。但是，韩愈有信心且有耐心，他并没有悲观消极，更没有气馁放弃。

当然，连续三次的打击，放在谁身上，都不可能不在乎。韩愈觉得自己的接连落榜很对不起死去的父母，更加愧对自己的祖先，这个原本荣耀的家族。所以，韩愈始终没有放弃科考。

等到公元 792 年，第四次参加科考时，他已经二十五岁。

一进考场，没想到，这次主考官仍旧是从前的那位陆贽先生。韩愈再打开试卷，一看题目，竟然还是从前那个题目。

韩愈没有皱眉，反倒笑了。

他从来对自己的文章很自信，尤其是第一次答卷。当时的落榜，他很是不满，也很不甘，一直耿耿于怀。

俗话说“以不变应万变”，这次韩愈却来了个“以不变应不变”。既然考试题目没变，他毫不犹豫地把当年的那篇作文，凭着记忆重新手写了一遍，几乎一字不差。

就这样，这次韩愈还是第一个交卷，没费吹灰之力，完全靠记忆。

主考官陆贽看后，觉得此卷似曾相识，他似乎忘了自己曾经给过不及格，反复细看后，忍不住拍案叫绝。

成绩公布那天，韩愈终于金榜题名，位列一甲十三名。

这下，韩愈得意地笑到了最后，毕竟在“对抗”主考官的过程中，这位执着的考生最后胜利了。他用自己的“顽固”，战胜了考官的“顽固”。当然，主考官陆贽也确实有一番知过从善、不嫌前隙的雅量和气度。

考中进士，只是取得了做官的资格，并不等于可以直接当官上任。之后，还需要通过一场公务员考试，才能分配官职。

所以说，韩愈过了教育部考试这一关，还得过人事部考试这一关。没想到，韩愈的命太衰，好不容易考中进士，眼看就要成为国家公务员了。不成想，又坎坷了好几回。

公元792年，在进士科之后，国家人事部举行博学宏辞科考试。这名字听起来像是考博士，实际就是公务员考试。

一般而言，比起单纯的进士考试，人事部考试里面的猫腻要更多。这不仅需要送礼，还得拉关系，找贵人。

一开始，韩愈不懂这些内幕。

因此，连续三年考下来，韩愈次次落选，还是个空头进士。

对于饱经亲人吊丧之痛，肩负着光耀门楣的重任的韩愈而言，从政不只是实现理想的途径，更是谋求生存所需的手段。在落第后困守长安、生计窘迫并渴望有人引荐的时候，他给当朝宰相上书自荐，两个月内一连写了三封信，陈述自己的能力和品格，足堪大用，求其擢拔，可是全都石沉大海。

在长安已是穷途末路，生计都难以维系，灰心失望的韩愈退而求其次，设法到地方上谋一份糊口的差使。

公元800年冬，韩愈前往长安，第四次参加公务员考试，第二年顺利通过，得以在中央机构供职。

韩愈一面在政界担任公职，一面在业余时间搞文学创作，他在文坛的名气越来越大。除了搞创作，他还积极热心地到处推荐文学新秀，比如著名诗人的孟郊和贾岛，都曾受到他的推荐。同时，韩愈还广收门徒，提倡和发扬自己的古文主张。

其实，韩愈早就对骈文极为反感。也许除了天才王勃所写的那篇名扬天下的《滕王阁序》外，他完全有资格鄙视当时所有的骈文。

由此他凭借自己的权威，开展了一场古文运动，大力倡导散文写作，不押韵，不四六，不写空话，要自然，要写真情实感，等等。很快，这场运动掀起了一股新文学风潮。

因而，韩愈的门生云集，文学青年们纷纷以做他的学生为荣，一时“韩门弟子”满天下。

但是，这位文学教授在官场中，似乎仍然保持着当初的“一根筋”。正因为如此，他的官途遭遇了一股寒流。

当时，唐朝以道教为国教，但唐朝政府也迷信佛教，尤其是新上任的领导唐宪宗。陕西著名的法门寺保存着佛祖释迦牟尼的一颗舍利子，唐宪宗拜佛心切，希望把这颗佛骨迎进皇宫里进行供奉。

于是，唐宪宗大摆排场，隆重迎取佛骨进京。

对于普通百姓而言，这是个举国轰动的大事件，大家当作看热闹。但对于韩愈，他身为谏官，有自己的看法。韩愈是儒家弟子，自然不太相信佛教那一套东西，也很反对领导为了毫无价值的佛骨，不仅劳民伤财，而且耽误国家事务。

于是，韩愈冒天下之大不韪，写了一篇名为《谏迎佛骨表》的文件，上呈领导，希望领导能放弃这次的荒唐之举。

敢说领导做事荒唐，韩愈一下子摸到了老虎屁股。

韩愈当下就被撤职，而且被发配到当时最为边远的广东一带。第二天，韩愈不得不上路，踏上流放之途。

就在途中，韩愈要过秦岭蓝关时，他的侄孙韩湘子（是否为传说中八仙中吹笛子的那位，不太确定）为他送行。韩愈不禁老泪纵横，给侄孙写了这首《左迁至蓝关示侄孙湘》：

一封朝奏九重天，夕贬潮州路八千。

欲为圣明除弊事，肯将衰朽惜残年！

云横秦岭家何在？雪拥蓝关马不前。

知汝远来应有意，好收吾骨瘴江边。

这是一首离别赠言，但绝不是普通的赠言。

诗中再次表现了韩愈的不撞南墙不回头的大无畏精神，一方面说明自己被贬的原因，另一方面给侄孙交代自己的“后事”。看来，韩愈已经认为眼前是条不归之路，他希望侄孙日后能为自己收拾骨灰，好好安葬自己。

幸好，韩愈没有死在边荒，后来回到了西都长安，负责国子监（朝廷设立的最高教育机构）的工作。

韩愈是一个气场和存在感均极强的人物。他的影响使无数帝王将相相形见绌。在中唐的政治舞台上，他扮演过监察御史、考功郎中知制诰、刑部侍郎、国子监祭酒、吏部侍郎等角色，所至皆有政绩。但他的主要贡献是在文学上。他是古文运动的倡导者，主张继承先秦两汉散文传统，反对专讲声律对仗而忽视内容的骈体文。

两百多年后，北宋的另一位大文豪——苏东坡，更是对他佩服得五体投地，亲自为他写了一篇碑文，其中有这样一句赞誉：“文起八代之衰，而道济天下之溺”。意思是说，他在漫长的文学衰落之后，开启了一个新的局面。

连大文豪都这样说，毫无疑问，韩愈完全称得上是一代文学宗师。

人物访谈

小编：韩愈大神，您第四次参加科考，看到考官还是N年前那个考官，考题也还是N年前那个考题时，您有什么感想？

韩愈（淡定）：以不变应不变呗。

小编（膜拜状）：万一又落……万一考官还是不识货怎么办？

韩愈（淡定）：继续考呗。

小编：李白大神，您为什么终生不参加科举考试？

特邀嘉宾李白（眼神躲闪）：这个嘛……我是天才，懒得考进士。

小编：难道是因为喝多了第二天起晚了？

特邀嘉宾李白（一脸郁闷）：……我家是做生意的，政审不合格。

小编：那您是打算归隐田园？

特邀嘉宾李白（洒然一笑）：当然不是，我是天才，天才不走寻常路。

孟郊：春风得意马蹄疾

——苦熬考场终得意的考生

时代：中唐

落榜：2 次

职业：县尉、试协律郎

成就：“诗囚”、苦吟派代表

唐朝有两位“痴人”并肩齐名，一位叫孟郊，一位叫贾岛。说他们是痴人，是因为这两位难兄难弟，不管是做什么事，往往太过于痴迷，近乎疯魔。

尤其是写诗作文。他们最擅长的就是苦吟，甚至下笔一个字，得费半天工夫。因而，他们两个人后来被冠上“苦吟派”的头衔。

当然，这份“痴”不仅仅是在作诗上，还表现在追求人生理想上。

孟郊，这个名字在文学史上，似乎是以一个大孝子的形象立足于世的，这是缘于他的那首大名鼎鼎的《游子吟》：

慈母手中线，游子身上衣。

临行密密缝，意恐迟迟归。

谁言寸草心，报得三春晖。

这首诗将一位母亲送别临行出门的游子时的情景和心理，声情并茂地刻画了出来，由此也表现了一位孝子的拳拳之心，从而得以千古流传。

孟郊出生时，老爹孟庭玢是县尉（官位在县令或县长之下，主管治安，相当于现在的公安局局长），这是个苦差，薪水太低；而且更要命的是，孟郊刚会记事时，就没了老爹。从此，孤儿寡母相依为命，因此孟郊的整个少年阶段不得不在贫苦中度过。

正是由于这种家境，寡居的母亲必然对儿子产生了很高的期许：希望儿子能一举高中，金榜题名，光耀门楣，并能改善家庭经济状况，毕竟苦日子谁都难熬下去。

再加上孟郊是个大孝子，他也想早日摆脱贫困的生活，好让母亲颐养天年，那么，考取进士，走上仕途，就成了孟郊的心愿，也成了他最大的人生目标。凭借着一股狠钻的劲儿，孟郊朝着成功的方向挺进。

由于是单亲家庭的缘故，少年的孟郊养成了孤僻的性格，虽然不太合群，但幸好他脑子不笨，乡试与会试都顺利通过了，从秀才成了举人，从举人成了贡士。

于是，他要从贡士向进士攀登。

所谓儿行千里母担忧，孟郊要去京城赶考，家中那位慈祥的母亲担心了，怕儿子在外面受冻挨饿，于是临行前，给儿子连夜赶制了几件厚实的新衣，并且不断地一缝再缝，针脚比谁家的衣服都密，并且对这位孝顺的儿子一再叮嘱：儿啊，考完试要尽快回家，不要让为娘的牵肠挂肚。

母亲无微不至的关怀，深深地触动了孟郊那颗孝子的心弦，带着母亲的殷殷期盼和光耀门楣的夙愿，他收拾行李前往长安。

不过，唐朝的进士科不像宋朝那样泛滥，宋朝每年动不动录取上百名，甚至上千名，而唐朝每年仅仅录取几十人。这样的极低的录取率，自然导致一个结果，就是大量的考生注定落榜，而其中自然也包括一批真正的有才之士。

所以，能在唐朝科举中一举高中，不仅需要过硬的实力，很多时候还需要逆天的运气。

第一次在长安参加科考，孟郊的运气并没有那么好。尽管他踌躇满志，但面对榜上无名的结果，他也只能无奈地苦笑。

对于任何人，人生中的第一次受挫都是格外刻骨铭心的。而心灵上的创伤必然会引起一种黯然低落的情绪，这种情绪如果发生在恋爱中，就叫失恋；如果发生在学业和事业中，就叫失意。

落榜的孟郊在无比失意中，写下了一首《落第》：

晓月难为光，愁人难为肠。
谁言春物荣，独见叶上霜。
雕鹗失势病，鷦鷯假翼翔。
弃置复弃置，情如刀剑伤。

的确，孟郊的心灵就像被刀剑割伤了一般，他陷入了悲愁与忧伤中，即使在春天万物欣欣向荣的时候，他却在盛开的花朵上看到寒霜。在诗中，这位失意的落榜生毫不隐讳地坦言自己就像失势的雄鹰，被抛弃在荒野中，他的内心是冰冷的寒冬。

首都的物价死贵，落榜的孟郊不得不打道回乡。回乡的唯一目的，只能是复读，继续备考。

面对家中寒苦的生活和母亲殷切的期待，孟郊知道自己没有第二条路可选。

光阴似箭，日月如梭，很快，三年一度的科举又临近了。孟郊从家乡再次风尘仆仆地赶往京城。但命运没有厚待他，也似乎是在考验他，这次考试，孟郊不幸再度落榜。这一夜，旅馆中的他失眠了。他的内心有困惑，也又不甘，翻涌的思绪令他辗转反侧，一个晚上竟然九次起身，长吁短叹，感叹自己命薄如纸，想到伤心处，不禁黯然泪下。

常言说：男儿有泪不轻弹，只因未到伤心处。作为硬汉子的孟郊竟在深夜里偷偷哭泣，很明显，第二次落榜带给他的心灵创伤远比第一次还要深。

示意的孟郊提笔写下一首落榜之作——《再落第》：

一夕九起嗟，梦短不到家。

两度长安陌，空将泪见花。

孟郊平生喜欢写古诗，很少写绝句，这也许是他唯一的一首绝句。情到深处，心到痛处，语言都是苍白的。不过，孟郊简短的文字，却直白地表现了自己两次落榜后的悲伤心情。

只能说，此刻，这是一个陷入困境的考生，一个悲伤的男人。

当然，孟郊的两次落第还有一个因素——孟郊是一个耿介直率的人，从不肯对人低三下四，这就使他不愿俯首折腰去拜谒那些高官显贵，不肯拉关系，很少寻求贵人推荐提携。于是，他人生的低谷，竟延续了长达十一年之久。

孟郊还有许多落第之后告别朋友、游走四方的诗，更多表现了一种穷愁失意、低人一等的嗟叹，这从他一系列失意的落第诗完全可以推断，暂且摘录如下：

下第东归留别长安知己

共照日月影，独为愁思人。岂知鶗鴂鸣，瑶草不得春。
一片两片云，千里万里身。云归嵩之阳，身寄江之滨。
弃置复何道，楚情吟白蘋。

失意归吴因寄东台刘复侍御

自念西上身，忽随东归风。长安日下影，又落江湖中。
离娄岂不明，子野岂不聪。至宝非眼别，至音非耳通。
因缄俗外词，仰寄高天鸿。

下第东南行

越风东南清，楚日潇湘明。试逐伯鸾去，还作灵均行。
江蓠伴我泣，海月投人惊。失意容貌改，畏途性命轻。
时闻丧侣猿，一叫千愁并。

叹命

三十年来命，唯藏一卦中。题诗还问易，问易蒙复蒙。
本望文字达，今因文字穷。影孤别离月，衣破道路风。
归去不自息，耕耘成楚农。

接连不断写落榜诗，这说明孟郊太在乎自己的落榜了，感觉太丢人了。徘徊在不幸的命运中，孟郊从年少贫困，再到中年失意，各种不顺遂也使得孟郊的诗总是透着一股寒苦的气息。不过，受苦的人没有悲观的权利，悲伤的孟郊其实并没有悲观。想到家中受苦的老母，想到自己的抱负，他更加坚定了心中那份执念，无论如何，他要坚持到终点。

的确，孟郊这样煎熬了下去。

孟郊绝对是一个科考“钉子户”，他是那种不达目的誓不罢休的人。因此，尽管他是一个屡次失败的落榜生，但是他不在乎，摔倒了，再爬起来，没什么大不了的。

孟郊的优点，就是具有这股子死磕的劲儿，或者说得好听点，叫执着。

在艺术追求中，孟郊可谓是苦心孤诣；在追求人生目标上，孟郊则是发扬不到黄河心不死的精神。尽管他的客观条件很差：贫困至极，家徒四壁；身体孱弱，经常患病。

就这样，在贫病交加中，孟郊在科举路上艰难前行。

不过，坚持到终点就是胜利，悲苦的孟郊终将遇到充满狂喜和幸福的一天。

公元 797 年，孟郊终于金榜题名，这年他四十六岁，已经两鬓添霜。尽管这场荣耀来得很晚，但迟到的荣耀更为难得，孟郊得知中第的消息后，欣喜若狂，激动万分，简直是控制不住内心那份狂喜之情。

一个人得意到了极点，就会忘形；忘形之下，就会情不自禁地手舞足蹈，尤其是孟郊骑着高头大马在长安街上巡游时，那个得意劲儿自是非同寻常。

原来朝廷有个规定，考中的新科进士们，称为“同榜”，在规定那天，大家集体要佩戴红花，骑着高头大马，在长安大街上巡游一番，无非是进行高调炫耀，同时也是对后辈考生们的一种激励。

第一天的巡游之后，朝廷已经在长安的春游胜地曲江设了盛宴，款待这一年及第的进士。第二天，这些新科进士春风满面地一同赴宴后，接着去附近的杏园观赏游玩，俗称“探花”。

这还没完，到了第三天要举行一场隆重的集体“签名仪式”。这可是个无比荣耀的活动，因而进士们都兴致勃勃地来到慈恩寺大雁塔下。大家聚集在这里，纷纷将自己的大名题写在雁塔的墙壁上。如果日后其中有谁当上总理的话，到时还会将他的姓名用朱笔重新题写一遍，更为荣耀。

这一切，都是朝廷在鼓励和吸引更多的学子参加科举考试。就凭及第后这些庆祝仪式，也足以光宗耀祖。

就在这三天的长安巡游赏花的进士队伍中，孟郊估计是最为得意忘形的一个。困顿了半生的他，一朝中第，自然格外开心。在得意忘形之中，这位才子也不忘口占一首得意至极的绝句来，题目就叫《登科后》：

昔日龌龊不足夸，今朝放荡思无涯。

春风得意马蹄疾，一日看尽长安花。

在如今的得意面前，曾经的痛苦似乎已经不值一提了。诗人仿佛从无边苦海中一下子被超度出来，登上了光辉灿烂的欢乐顶峰。从中也能看出，孟郊是个真性情的人，失意时抒发伤心之情，得意时则表现自己的兴奋之情，毫不遮掩。

大悲之后，才会有大喜之日。这就是孟才子大半生的坎坷经历。

不过，考中进士的他暂时没有上班任职，而是高高兴兴地衣锦还乡，他要把这个天大的好消息带给自己的老母亲。于是，他向东返回，途中一路尽兴游玩，将河南、浙江等地的美景饱览一番。

然而，春风得意之后仍是没能改变命运。因为按科举规矩，考进士由礼部主试，中榜后并不授官，只是有做官的资格，还须参加吏部主试的博学宏辞科或书判拔萃科考试，录取后才能授予官职。

就这样，又经过了四年的奔波苦熬，孟郊才终于走马上任，被分配到江苏一带，但是职位很低，居然就是当年自己老爹的那个卑微的职位：溧阳（在今江苏省）县尉。

说起县尉一职，在唐代也是国家公务员，属基层文官，是吃皇粮的。不过，唐朝的文士们却对这个职务十分不“感冒”。

前文曾经提过，杜甫奔波多年，几经周折，好不容易得到河西尉一职的任命，却坚辞不做，宁愿担任左卫率府管理兵械仓库的胄曹参军。

原因何在？

原来，县尉这个基层职位不但要侍奉县令等各级上司，还得直接向黎民百姓催征钱粮，抽抓壮丁。因此，在那些胸怀济世大志、富有才情的文士们眼里，县尉一职不仅地位卑贱而且低俗。

此时，努力了大半生，最后被授予县尉一职的孟郊，内心同样充满辛酸和屈辱。而且，这个职务对于一心喜欢写作的诗人而言，太不合口味了，也太无聊了。

不能施展自己的抱负，于是，孟郊每天上班就是混日子，把心思全放在了作诗上，甚至哪天写不出诗，他就执拗地宅在家里，不出门。

这么不敬业的公务员，上司自然很不满，最初还能体谅一下，但日子一长，孟郊越来越过分，上司终于忍不住大发雷霆，把他“请”到办公室，狠批一顿，后来还派了个人“帮助”他工作，但是要分他一半工资。

本来工资就低，这下经济上更是捉襟见肘，孟郊郁闷了。无奈之下，没多久他就辞职不干了。

孟郊一生中，政治追求的失落和物质生活的困乏，使他对现实中阴暗的、具有否定意义的现象很敏感。他的诗歌对后世影响很大，并被后世称为“苦吟派”大师。

最后，结论有两点：一是坚持，跟命运死磕，最终胜利往往就在自己脚下；二是执着和痴迷，所谓“书痴者文必工，艺痴者技必良”，没有痴迷的劲儿，浅尝辄止，要想有耀眼的成就，恐怕只能是天方夜谭、痴人说梦吧。

人物访谈：古代考生如何面对落榜

小编问：这次万一落榜了怎么办?

陈子昂：我有实力又懂自我推销，扬名造势 so easy。

孟浩然：生活不只眼前的仕途，还有诗和远方。

钱起：继续考，直到写出满分作文，金榜题名为止。

贾岛：十年磨一剑，霜刃未曾试

——肯“咬文嚼字”的一派宗师

时代：中唐

落榜：次数不明

职业：参军、长江主簿

成就：“诗奴”、“苦吟派”宗师

孟郊死葬北邙山，日月风云顿觉闲。

天恐文章浑断绝，再生贾岛在人间。

中唐大文豪韩愈先生当年对贾岛这位青年才俊的激赏和赞扬，化成了这首响当当的七言绝句，并赠送给了贾岛。意思很明了，说贾岛是孟郊再世，来承继一种独树高标的稀世文风。

然而，才高不一定好命。继屡试不第、频频落榜的悲摧才子孟郊之后，同为“苦吟派”中人的贾岛，也同样不幸地列入大唐科举考试的落榜名单中。两个人可谓难兄难弟，苦命相续。

这个世上，每个人大约都有自己的喜好，不过，喜欢一味苦吟诗歌的人却没几个。在有这种嗜好的人当中，贾岛算是达到了无上巅峰。

虽然同为苦吟诗人，但相比孟郊，行坐寝食都不忘作诗的贾岛写起诗来，几近走火入魔的境界。他曾在自己写的一首诗后，又题写了这么一首自我注解——《题诗后》：

两句三年得，一吟双泪流。

知音如不赏，归卧故山秋。

看看，三年只写出两句诗，这个生产过程也忒漫长了，效率也过于低下了。不过，这样写出来的效果却能惊天地泣鬼神，让人泪流满面，这也就够了。尽管不无夸张，但这正是他要追求的艺术目标。

由此可见，这又是一个疯癫的诗痴，后世毫不客气地送他另一个绰号——“诗奴”。孟郊与贾岛，一个诗囚，一个诗奴，作为同派中人，果然难分伯仲。

这两个人都有一个先天的共同特点，就一个字：穷。换句话说，两个人都无可选择地跟清贫结缘。不过相比之下，贾岛其实是个不折不扣的“草根诗人”，甚至连“草根”都没剩，因为他曾一度出家当过和尚。

然而，他却是当时的大名人，许多身份高贵的人都听过他的大名，并且愿意跟他结交。其中就有当时的吏部侍郎兼京兆尹的韩愈先生，他与孟郊是响当当的布衣之交。

相比古代的其他书生，贾岛的身世与科考生涯，简直就像是传奇。

首先，贾岛是个贫二代，父母都是平民百姓，出身寒微，他不得不从小就吃苦受穷。尽管他也从小好学，但是家里实在太穷了，晚上甚至点不起油灯，于是，贾岛就跑到附近的一座山上，寄宿在和尚庙里，白天跟着和尚们蹭饭吃，晚上借助长明灯的微弱灯光通宵读书，如此一来，既减轻了家庭负担，又能好好读书，一举两得。

于是，贾岛似乎从此跟寺院生活结下了缘分。

读了几年书，贾岛先是参加地方性考试，凭着自己的才华，他轻而易举地过关了。不过，到了考进士这一关，却成了贾岛的不可逾越的“难关”。

想当初，贾岛从燕赵之地，千里迢迢，南下赶到京城长安，可一连考了好几回，都是铩羽而归。而每次来到京城长安，由于长安城的高消费，他积攒和借来的盘缠很快就用光了。结果，贾岛没考上进士，反而越来越穷了，囊中空空如也，简直穷到了极点。

俗话说，没钱寸步难行。如今连一点路费都没了，贾岛自然回不去了，但是要想留在长安，这里又没有任何亲友可以投靠。思来想去，真是没有活路了。

除了科举的失意，在生活上贾岛已经濒临绝望的境地。此时的贾岛进退维谷。何去何从，这是一个严峻的问题。

最终，贾岛做了一个无奈的选择：出家为僧。

做出这个选择，一方面是因为贾岛确实对科举考试有些心灰意懒；另一方面，是因为贾岛感到有些活不下去了。他一介书生，手无缚鸡之力，做不了什么体力活儿，除了写写诗也没有其他能赚钱糊口的手艺，在他看来，为今之计，唯一的出路就是加入和尚这个群体。

那时候做和尚是个正经职业，有一张官方度牒，走到哪里都能找到间寺庙挂单，吃喝不愁。当然，这样的食宿条件是比较清苦的。

不过，贾岛自小习惯了清苦的生活，再说如今他都沦落成这样了，再怎么清苦都能熬得住。

做和尚，只不过是他被生存所迫的抉择。

长安城内外的寺庙不少，到底要在哪里安身呢，贾岛这时突然想到了自己的一位堂弟。那位堂弟早年出家，法号无可，如今就在长安城不远处的一座草堂寺里。

朝里有人好当官，庙里有人好出家。

于是，窘迫不堪的贾岛就直奔草堂寺，在无可上人的引荐下，他正式剃度为僧，摇身一变，法号无本。无本者，即无根无蒂、空虚寂灭之意。看来贾岛是要一辈子念佛了。

然而，出家后的贾岛并没有四大皆空，也没有忘记“本行”，除了日常的念经活动，他更加专心作诗。几年以后，他就成为远近闻名的诗僧。

在这种清寂的环境下，贾岛除了念经、读书，就是作诗；除了苦吟，还是苦吟。一步步地，他注定要将苦吟一派发扬光大。

这位苦吟诗人的优点是痴迷，缺点则是，太痴迷。

至于他苦吟的事例，流传广泛的还真不少。最为著名的是，因为太专注于咬文嚼字，贾岛竟酿成了两次“交通事故”。

第一次是他骑着驴上街。

当时已是晚秋，秋风瑟瑟，落叶萧萧。诗人往往都比常人敏感，感受到这种悲凉的情境，贾岛的诗瘾又犯了，不知不觉，就随口冒出了这么一句：“落叶满长安”。但这只是个半句，另外一句却卡住了。

贾岛就在驴背上一边捻着胡须，一边冥思苦想，搜肠刮肚，一定要想出绝妙的好句才行。但是捻断了好几根胡须，转了好几条大街了，他依旧没能想出佳句。

就这样，贾岛骑着毛驴漫无目的地游荡，只为了一个目的——寻找下一句。

就在这时，一阵阵秋风袭在身上，贾岛忍不住一阵哆嗦，脑中却是灵光一闪，忍不住脱口而出："秋风吹渭水"，正好与"落叶满长安"相对，而且对仗绝妙，语气连贯，毫无痕迹。此句一出，贾岛觉得是神来之笔，喜不自胜，正得意着呢，没想到，自己的毛驴突然撞到了京兆尹（相当于现在的北京市市长）刘栖楚的车驾。

这位市长大人大约对诗不感兴趣，结果贾岛被拘留了一夜。直到第二天说明情况后，贾岛才被释放。他这才明白一个道理：大人物是不能随便得罪的。

不过，青山易改，本性难移。贾岛为构思佳句而忘乎所以的本性依旧没改。

第二次交通事故还是发生了。

这次是贾岛去拜访自己的一个朋友李凝。朋友住得很偏僻，也很幽静，当他来到朋友的那处幽居时，看到门上挂着锁，知晓朋友出门没在家。于是贾岛就在周围溜达了一圈，然后在人家墙壁上题写了一首律诗《题李凝幽居》：

闲居少邻并，草径入荒园。
鸟宿池边树，僧敲月下门。
过桥分野色，移石动云根。
暂去还来此，幽期不负言。

说实话，这绝对是一首好诗，幽居，幽人，幽意，全诗充满了幽谧的气氛。

并且在末尾向朋友表明，自己暂时离去，日后还会再来。

题完诗后，贾岛就骑着自己的毛驴回寺庙了。然而，在途中，贾岛这个苦吟诗人，不知不觉又思量起自己刚写的那首诗，尤其是对第二联“鸟宿池边树，僧敲月下门”，他产生了一些疑惑，觉得可以将“敲”字换成“推”字。

于是，贾岛就在“推”与“敲”二字之间琢磨起来，一边想象着“推”“敲”各自的情形，一边还不断重复做着手势。

就在他苦思冥想之际，不想一下子撞进了中央官员的仪仗队里。

这个官员，正是当时的吏部侍郎兼京兆尹韩愈。贾岛被抓到韩愈的跟前问罪，贾岛是个诚实的人，也就老老实实地说了原委。韩愈一听，也来精神了，想了半会儿，出主意说：还是用“敲”字比较好一些。

结果，身为晚辈的贾岛为了表示感谢，声称韩愈为自己的“一字之师”。韩愈忙表示谦虚，主动以诗友相称。自此，诗僧贾岛就与韩愈相交甚深，亦师亦友。

此时的贾岛虽有些名气，但还仅限于自己的诗人小圈子，流传不广，于是，韩愈极其热心地为自己的诗友做了一次广告，广告词是一首七言绝句：

孟郊死葬北邙山，日月风云顿觉闲。

天恐文章浑断绝，再生贾岛在人间。

孟郊比贾岛早生三十年，死得早，所以，韩愈在诗中称，贾岛是上天派来做孟郊的“接班人”来了。这也是文学史上贾岛第一次与孟郊被并列在一块，尤其是最后一句，听得贾岛很受用，立马就飘飘然，也更高傲了。

之后不久，当韩愈知道了贾岛的惨淡际遇，觉得让这样一个高才生埋没在寺院里，实在是太浪费了，便一而再再而三地劝他蓄发还俗，要他继续参加科举考试，并且保证一切费用由他赞助。

既有朋友的热心鼓励，也有其资金支持，贾岛的“俗念”萌生了。等到头发长了一些，他果断离开了草堂寺，急匆匆去参加了这一年的科举考试。

贾岛无比兴奋地走进了考场，觉得自己完全有资格金榜题名。

当然，贾岛本人确实有才学，但同时他身上还有一个不大不小的缺点，就是狂妄。加上韩愈的吹捧，他更加目空一切，不可一世，觉得放眼当今文坛，除了韩愈之外，自己就是天下第二了。

人一狂妄，就很容易瞧不起别人，喜欢到处讽刺。这无论在什么场合，都是一个大忌。

先时，贾岛曾多年未能高中，积愤已久，难免有些怨天尤人，便把这口恶气出在主考官身上。当时的宰相裴度，与自己的恩师韩愈关系很好，但个人生活奢靡，由于不久前平定叛乱有功，被加爵为晋国公。于是，为了给自己建造豪华别墅，裴度便在长安城的兴化区不惜强行拆迁民居，涉及千百户人家，一时惹得民怨沸腾。

贾岛见此情形，不由义愤填膺，在人家兴化园的亭子上题写了一首诗，并且还不忘签上了自己的大名，专门讽刺裴度：

破却千家作一池，不栽桃李种蔷薇。

蔷薇花落秋风起，荆棘满庭君始知。

看到裴度建造豪华别墅，贾岛居然诅咒人家庭院将来长满荆棘，全然不顾裴宰相与自己恩师韩愈的交情，毫不给人家面子。

第一次题诗事件被查出来了，但裴宰相大人有大量，忍了。

没想到，贾岛一而再，再而三地不加收敛，而且在考场上也肆无忌惮。

这次在考场上，作文题是咏物诗，描写的对象是“蝉”。于是，贾岛这位狂妄的考生立马来劲了，借物讽人，写了一首《病蝉》：

病蝉飞不得，向我掌中行。
折翼犹能薄，酸吟尚极清。
露华凝在腹，尘点误侵睛。
黄雀并鸢鸟，俱怀害尔情。

在诗中，病蝉指的是受害者，暗喻像自己这样的弱势群体。相反，贾岛毫不客气地把考官比作鸢鸟，把其他考生比作黄雀，还妄想狂似的，怀疑这些人都想害自己。

试卷一交，贾岛不无痛快淋漓的感觉，但是等着他的是自食恶果。

不论文采怎么样，单看内容，就让主考官与中央教育部门大为恼火。这样的考生能录取吗？

同时，与贾岛同场考试的考生中，还有九名考生与他一样，都属于那种恃才傲物的主儿，在考场上不安分守己，将考场闹得一团糟。

这下，不仅是贾岛一人，而是演变成了集体事件，情况一下子变得严重了。教育部领导气得够呛，立即召开紧急会议，起草文件，将这十个考生定为“举场十恶”，然后以破坏国家考场纪律的罪名，把他们统统逐出京城。

毫无疑问，要在京城立足都很难了，更不用说金榜题名了。这下，贾岛的进士梦完全泡汤了。金榜一出，贾岛的大名自然不见踪影。

被逐出长安城的贾岛，悲愤异常，加上再度落榜的失意，这位高才生又写了一首落榜诗《下第》，抒发自己的郁闷之情：

下第只空囊，如何住帝乡。
杏园啼百舌，谁醉在花傍。
泪落故山远，病来春草长。
知音逢岂易，孤棹负三湘。

落榜后的贾岛，一无所有，就只剩下空空如也的口袋。首都是待不住了，在绝境中，他还大病一场，不由得朝着家乡的方向失声痛哭，泪流满面。

也许，这时没有比他更落魄的了。从此，贾岛也基本无缘科场了。

直到晚年，中央政府班子被换了几茬后，他才被人推荐做官，担任过县秘书等小职务。但是他依旧我行我素，保持一副傲然的姿态，豪气不减，不顾世俗地潜心写诗，几近痴狂。

据《唐才子传》中讲，每年的除夕之夜，都是贾岛最特殊的日子，因为这天他都要“祭诗”。他先摆设一案，然后将自己这一年来的诗作统统拿出来，恭恭敬敬地放在案上，接着焚香祭酒，并口中祷祝说：“这可是我一年的苦心经营啊！”

不言而喻，一位苦吟派大师，就这样诞生了。

据说，作为苦吟派大师，贾岛在后世的弟子着实不少，甚至还被当作偶像来膜拜，足可见其诗坛地位非同小可。

比如，晚唐时期有个叫李洞的诗人，平生极为仰慕贾岛，对他的才华推崇备至，甚至为贾岛铸了一尊铜像，并给它戴上头巾。更为疯狂的是，此人还把贾岛当作如来佛一样敬拜，每天他都会像和尚那样手拿着佛珠，口中念念有词："贾岛佛！"而且每天要念一千遍才肯罢休。

更可爱的是，如果遇到哪个人也喜欢贾岛，李洞就会激动地亲自抄录贾岛的诗赠送给对方，并再三叮嘱人家："这诗跟佛经没有两样，你回去后一定要烧香敬拜才是！"

另外，五代时有个大画家，名叫孙晟。他也酷爱贾岛的作品，于是精心描绘了一张贾岛的画像，挂在自家墙壁正中，早晚都要对着画像礼拜。

虽说贾岛曾经也当过和尚，但他自己或许都没想到后世竟有人把他当佛来拜。假如他泉下有知，恐怕会激动、得意得泪流满面！

李贺：雄鸡一叫天下白

——被取消考试资格的一代“鬼才”

时代：中唐

落榜：1 次

职业：太常寺奉礼郎

成就：著名诗人、“诗鬼”

对于一位考生，也许最悲摧的，不是考试不及格，也不是在考场上答题时睡着了，而是被“吊销”了准考证，导致进不了考场。

没想到，李贺就是这么一名不幸的考生。

元和六年（公元 811 年），在临开考时，考生李贺竟被强行取消了考试资格，致使他连进考场的资格都丧失了。因而，准确地说，李贺是一名实实在在的“被落榜生”。

几乎每个时代，都会出现一两个异数。作为中唐诗人，李贺绝对称得上最为另类的一个，他是一个鬼才，被后世称为“诗鬼”，与“诗仙”李白正好相对，一个有仙气，一个有鬼气。

也许由于这种“鬼气”缠身，才致使他成为一名短命天才。

先说相貌，天才的长相往往多少有些与众不同。李贺从小体弱多病，相貌也很奇特。他自幼体型纤瘦，而又手指奇长，由此被人称为“长爪郎”。

再说李贺的身份，从血统上看，他不是普通人，而是皇室后裔，郑王李亮（唐高祖李渊的叔父）的子孙，可谓是名副其实的贵族血统。不过，这仅仅是名义上的，李贺属于旁系远支，已经与皇族关系沾不上多少边。因而，李贺实际上是一个没落的贵族子弟，家境自然不怎么好。

这里有必要提一下他的老爹李晋肃，李晋肃曾在边疆做过小小的公务员，之后又担任过一介小小县官。但在日后，李贺的老爹在无意中，却成了自己儿子在科举考试途中的绊脚石。

李贺才思聪颖，从小就显露出诗歌方面的天赋，据说七岁时就能写诗，谋篇构章，相比许多这会儿还在学习造句的同龄学生，李贺真是个神童型的天才。

天才却不去努力，很难成才；勤奋而缺乏天赋，那也白搭。而李贺这位天才，却是个勤奋的学生。尤其是对诗文，更是痴迷。

等长到十五六岁时，李贺诗文更精，尤其擅长乐府诗，已经与当时的另一位成名的前辈诗人李益并驾齐驱，齐名诗坛。据说，他们每写完一首新乐府，就被当时的乐师花重金购买下来，然后谱成新曲歌唱，一时号称歌坛“双李”。

所谓“出名要趁早”，看来，李贺此时已是少年扬名了。

十八岁那年，一位中央官员从长安调到东京洛阳，担任国子监博士，此人就是当时的文坛盟主——韩愈。

刚来洛阳，韩愈就听说过河南青年才子李贺的大名，心中惊奇，但也是半信半疑。而家居河南昌谷的李贺，听说韩愈来到洛阳，距离不远，于是李贺带着自己的诗稿，专程前去拜访这位文坛大家。

此时，与韩愈同在洛阳的，还有一位名叫皇甫湜的诗人。李贺拜谒时，这两个人都看了他的诗文，一读之下，大为震撼，不约而同地竖起了大拇指。

能得到文坛大腕的褒奖，李贺自然高兴万分，对自己的前程更有信心。

之后，没过多久，韩愈与皇甫湜乘坐华贵的车马，亲自来到昌谷，登门回访李贺。大人物竟然来看自己，李贺难免受宠若惊，激动异常。

韩愈一直很纳闷，李贺年纪轻轻的，怎么写出这样超逸绝伦的诗来的，于是这次借机便问李贺能否当场写一首诗，让自己开开眼界，一睹天才的风采。

李贺一听，更是得意，也没推脱，当场写了一首乐府诗，就以他们二人拜访自己作为题目——《高轩过》：

华裾织翠青如葱，金环压辔摇玲珑。

马蹄隐耳声隆隆，入门下马气如虹。

云是东京才子，文章巨公。

二十八宿罗心胸，元精耿耿贯当中。

殿前作赋声摩空，笔补造化天无功。

庞眉书客感秋蓬，谁知死草生华风。

我今垂翅附冥鸿，他日不羞蛇作龙。

诗中既称赞了两位文坛前辈，在末尾又不忘表达自己的远大抱负，整首诗写得酣畅淋漓，而又气势如虹。在他们面前，李贺着实露了一回脸，当下就赢得了对方的夸赞。

于是，韩愈积极鼓励李贺参加科举考试，并很有信心地断言他必定能一举中第。

不过，李贺现在还不够资格参加进士科的考试，因为他的身份还不是贡士，必须得通过地方性选拔考试。

就在李贺准备参加地方考试时，不幸的事发生了。他的老爹溘然长逝，李贺需要为父服丧。古代规定，服丧期必须满三年，三年内不能做其他公务，包括考试、任职等。

少年丧父的李贺，不得不在家乡守孝三年。

当然，这三年内他在老爹的坟旁，依旧刻苦读书。直到元和五年（公元810年），李贺守孝期终于结束。估计韩愈是掐着时间点，李贺刚一脱下孝服，就收到韩愈的来信。原来是韩教授再次热心催促他考试。

李贺听从了这位前辈的建议。

这年冬天，河南府试开考，主考官是房式，参与组织人是韩愈。凭着那层非同一般的关系，李贺自然是积极报名参加。而这次会试，既然有韩愈坐镇，无异于给李贺加了一道保险。

果然，发榜那天，李贺很顺利地一举考中贡士。

考中了贡士，这才有资格进京参加进士科考。由于开考时间是次年春，所以在这年年底，李贺就兴冲冲地赶到了长安城。

没成想，李贺刚来到首都，无意间就得罪了一个人——元稹。

话说元稹也是个大才子，在当时的名气跟白居易相当，而且得到中央领导的赏识，还曾一度担任过宰相之职。尤其是他还写过“曾经沧海难为水，除却巫山不是云”这样的广为流传的诗句，可见其人不是泛泛之辈。

李贺刚来到长安，也是年轻气盛，说话做事难免有些冒失。

据传闻，元大才子久闻天才少年李贺之名，也读过他的诗作，十分欣赏。

于是元才子就想跟李贺结交。可是李贺过于高傲，懒得见他，不仅拒绝了人家的好意，还口出狂言，讽刺元稹是个连进士都没考中的人，有什么面目见他本人？

这话的确很伤人自尊，更何况元稹本来就是个心胸不太开阔的人。

原来，当年元稹是通过考明经科得以进入仕途，而不是通过考进士科。进士科要比明经科难考得多，所以一般考进士的瞧不起考明经的。这在当时是个普遍现象，尤其是那些文学高才生，更是将明经考生视为低人一等。

另外还有一点，元稹还是个倒插门女婿，娶了太子少保韦夏卿之女韦丛，而他的仕途升迁很大原因与自己的老婆有关，这也许是元大才子在官场上不太光彩的一面。他向来对别人说自己是靠吃软饭才升官很敏感。

所以，李贺的那次嘲讽，让元大才子一直耿耿于怀，心存报复。

于是，就在临开考前三天，李贺报名考试时，京城却到处流传着李贺没有考试资格的谣言。

李贺本人还在纳闷呢，凭什么啊。

接着就有人把他的家谱搬出来了。原来，李贺的老爹名叫李晋肃，名字中有一个“晋”字。古代人说话做事普遍会有各种忌讳，不能直言长辈的名字，所以才有“名讳”这么个词儿。

由此，这个“晋”字跟“进士”的“进”字谐音，而且跟“晋升”的“晋”同字，所以谣言就说，为了避讳，李贺不能考进士，自然就丧失了考试的资格。

这样一传，教育部就重视了，并且其他嫉恨李贺才华的考生，也就跟着起哄，要求取消李贺的考试资格。其实，那些考生只不过是希望少一个厉害的竞争对手罢了。

最后，李贺被教育部除名，取消了考试资格。

而这个事件的幕后主谋，恐怕很少有人清楚，就是元稹元大才子。

这次科场事件曝光后，有个人在第一时间站出来为李贺说话，这人就是韩愈。他向来很赏识李贺的才华，而且又是他亲自推荐李贺参加考试的，他觉得自己得为此负责。

于是，身为中央要员的韩愈大声疾呼、联名抗议，为李贺喊冤。他一方面向司法部门质问，另一方面则写信给教育部，文中洋洋洒洒上万言，引经据典，旁征博引，为李贺辩解，声明这种陈腐的避讳毫无意义，对于政府而言，重要的不是区区名字，而是录取人才，云云。

然而，最终的结果是，韩愈是白费口舌，李贺是命该遭殃。

对于元稹而言，他自然是心中暗喜。这一切都是元稹在幕后活动，极力要打压李贺，毁掉他的锦绣前程。

元稹得意了，李贺郁闷了。

而且，李贺从此就郁闷了后半生，说得文雅一些，就是终生“郁郁不得志”。愤恨不已的李贺当场气得甩袖子走人，离开了长安，回到老家。

不过，事情似乎还有一点补救的余地。

关键人物还是那位热心的韩愈。他觉得李贺尽管没能参加科考，但是他的才学是有目共睹，天下皆知，而且他又是李唐宗室的后裔，多少有些直接任官的特权。因此在韩愈的极力推荐下，李贺直接被任命为奉礼郎，官衔九品，就是中央祭祀典礼时小小的司仪官，职位很是清闲。

在这个无聊的职位上待了三年，李贺就辞职不干了。

他以养病为由，递了辞职书就返回家乡。从此他一心专攻诗歌，不惜呕心沥血。据说，他每天一大清早就骑着毛驴出门，驴背上挂个小口袋，直到傍晚才回来。谁也不知道他这是干什么去了，也不知道那个口袋是干什么用的。

其实，那个口袋是李贺的“诗囊”。他每天出门，四处寻找灵感和诗兴。

一旦有了好句子或是灵感闪现，他就把想到的灵感火花快速记在小纸条上，投进驴背上的口袋里。日子一长，口袋里满是写诗的纸条，因而被称为“诗囊”。

回到家里，李贺连饭也来不及吃，就从他的“诗囊”里拿出白天投进去的断章零句，当即进行整理，把它们写成一首首令人叫好的诗作。

他老妈看到儿子这么过分用功，很是心疼，经常劝诫：“你这孩子写诗这么刻苦，怕是哪天要呕出心吐出血来，才肯罢休啊！”

李贺没在意，一如既往地全身心投入到创作之中。

他对诗歌有一种不可救药的痴迷，也正因为这样，呕心沥血的李贺刚满二十七岁，就一病不起，很快离开了人世。

可见，这是一个肯为艺术无条件“献身”的诗人，至于落榜、当官都是不值一哂，因为他的诗足以万古长青，也足以让后世惊叹不已。

其中，对李贺最为推崇的，当属晚唐的大诗人杜牧。李贺死后，热心的杜牧就专门搜集李贺的诗作，并且亲自为诗集写了一篇序文，为李贺立传，一时传为佳话。

由此，李贺的诗名更是与日俱升，流芳百世。

罗隐：我未成名卿未嫁

——十次落榜的“犀利”高才生

时代：晚唐

落榜：10次

职业：司勋郎中

成就：著名诗人、杂文作家

得即高歌失即休，多愁多恨亦悠悠。

今朝有酒今朝醉，明日愁来明日愁。

这首诗读起来朗朗上口，而又有点令人心旷神怡；这既是一首抒发旷达之意的洒脱诗，也是一首破罐子破摔的消极诗，总之，这首自我解脱的绝句流传至今。

殊不知，这首诗本是考生在落榜之后借酒消愁的遣怀之作，题目就叫《自遣》。

这个考生，就是晚唐讽刺诗人罗隐。

说起来，罗隐实在倒霉透顶，一连考了十次，竟然都清一色地全没过分数线。说他倒霉透顶，是因为他并不是胸无点墨的差生，相反，他是天下闻名的堂堂才子。并且，在遭遇连番的考场失意之前，他的名字叫罗横，而不是罗隐，那时他还没想过要退隐。

不但没想过退隐，罗隐还踌躇满志，他自幼便有才名，能文擅诗，博学多知，也如其他文人一样，渴望出仕。然而他本人至少有两个要命的缺点，成为他前途的绊脚石，这两个缺点，一是恃才狂妄，二是喜欢吐槽。

罗隐恃才傲物，许多人他都瞧不上眼；另一方面，他本身还是一个喜欢调侃、颇具有娱乐精神的人。不想命运却时常打击他，不让他高兴，令他在考场上处处碰壁，尴尬了十多年。这种打击对他而言，也是很伤自尊的。

另外，罗隐还有一个不大不小的毛病，就是喜欢吐槽。他擅长讽刺，具有批判精神，不论是对人还是对事，他都是那样毫无顾忌，不加遮拦，这势必给他自己暗地里树敌不少。

一个性格张狂的人，下场往往不太好；而作为性格张狂又喜欢吐槽的考生，前途自然很难一帆风顺。

俗话说：良言一句三冬暖，恶语伤人六月寒。如果罗隐能记住这个人生戒条，那么，他也许一两次就能高中进士。

可惜，他没记住，更没实践。

平时说话不注意舌头，很容易被人抓住小辫子，尤其是跟政治挂钩。可惜张狂的罗隐始终不明白这一点，这或许也是令他十次落榜的一个重要原因。

比如，罗隐曾经写过一首咏史诗，诗中，他毫不客气地对当年安史之乱爆发时唐玄宗仓皇逃跑并在半路上下令勒死了自己的爱妃杨玉环这一事件进行了讽刺，诗题就叫《马嵬坡》：

佛屋前头野草春，贵妃轻骨此为尘。

从来绝色知难得，不破中原未是人。

很明显，罗隐以一个书生的身份，毫无顾忌地为那位受害的女人翻案，潜台词就是把矛头指向了政府以及当时的国家领导唐玄宗。

这首咏史诗一下子就变成了讽刺诗，而且是讽刺唐朝政府的。由此一来，罗隐的科考生涯就变得更为危险而艰难了。

据说，罗隐从小就很聪明，即使比不上曹植那样的神童，但也接近了。加上他非常勤奋，才学过人，因此很早就闻名乡里。

历经寒窗苦读，二十六岁那年冬天，罗隐终于从钱塘江赶往首都长安参加科考。

当他路过钟陵县（今江西进贤）时，在一次筵席上认识了一名叫云英的歌姬。这个歌姬琴棋书画样样精通，也属于才女，但命运不佳，沦落风尘。为了赴京赶考，罗隐没有久留，便匆匆告别云英，继续赶路。

来到长安，就像所有踌躇满志的高才生一样，罗隐也是万分激动和亢奋。他胸有成竹地走进考场，意气风发地走出考场，剩下的就是等待成绩。

然而，不幸的是，高才生罗隐的运气很不顺，他名落孙山了。

第一次的失败，对于过于自信的人而言，无疑是个极大的打击。失意的情绪是需要宣泄出来的，于是落榜后，罗隐耷拉着脑袋写了一首诗，寄给了一位叫张坤的朋友，题目就叫《下第寄张坤》：

谩费精神掉五侯，破琴孤剑是身仇。

九衢双阙拟何去，玉垒铜梁空旧游。

蝴蝶有情牵晚梦，杜鹃无赖伴春愁。

思量不及张公子，经岁池江倚酒楼。

诗中的张公子就是张坤，似乎是个富二代，要么就是个风流官员。罗隐对张公子的生活产生了消极的羡慕，似乎已经觉得科举考试没多少意义了。可见，第一次的失败，已经给罗隐制造了一道血淋淋的心理阴影。

失意后有消极情绪是正常的，也是能理解的，只要不变得悲观就行。

这时的罗隐，其人生的天平，希望的一端还是大于失望这端。他相信自己下一次定能高中，一举闻名天下知。

但是，不幸依然降临。

第二次科考，罗隐仍旧惨淡收场。此后，他又考了五次，仍然是落榜而归。

其实，落榜的原因可能与罗隐本人的性格有关，更与他的文风有很大关系。在生活中，罗隐是个任性狂妄的人，喜欢一意孤行；而在考场上，罗隐喜欢我行我素，改不了自己一贯的讽刺口吻，甚至不时地影射一下社会阴暗面，或者某个中央官员。由于他的应试文章讽刺味太强，考官很不喜欢他狂妄的性格，所以他连考七次也没有考中。

就这样，罗隐一步步在向“愤青”蜕变，无疑他的试卷也就成了考官们的眼中钉，要想被录取，无异于天方夜谭。

第七次落榜后，罗隐的确心凉了，内心再怎么坚强的人估计也熬不住连续七次打击。为了释放郁闷、发泄情绪，罗隐又写了一首落榜诗，抒发自己的苦闷之情，名为《下第作》：

年年模样一般般，何似东归把钓竿。

岩谷谩劳思雨露，彩云终是逐鹓鸾。

尘迷魏阙身应老，水到吴门叶欲残。

至竟穷途也须达，不能长与世人看。

每年的情形几乎都一样，同样的考场，同样的名落孙山，还不如回家去钓鱼，坐在河边钓鱼也会等到鱼儿上钩的那天，金榜题名怎么就那么难呢？所谓久渴盼甘雨，但是自己盼了那么久却一直在饥渴状态。

虽然又一次落榜，但罗隐内心并未放弃科考，他相信终有一天，自己会仕途通达，不再为世人所轻视。

但总归是心寒的。因此，罗隐更加放肆了，也更无所畏惧，也更愤世嫉俗——他终于变成了一名地地道道的愤青。

虽说罗隐连番落榜，但他的诗名却在京城蒸蒸日上，甚至还受到当朝宰相郑畋的青睐。不过，青睐归青睐，科举考试有严格的制度，考官不认可，考生再怎么牛也不算。

这是罗隐长期以来面临的人生窘境。

咸通八年（公元 867 年），这位愤青编了一部杂文集，其中也收录了自己从前写的一些文章，而这些文章有一个特点，就是辛辣和讽刺，而他为这部书取名为《谗书》，自费出版。

《谗书》一出，立马激起千层浪，京城的一些官员纷纷将这位作者视为眼中钉、肉中刺。罗隐成了上层贵族记恨的对象，这也使他在京城很难立足。

他的一位当官的同族罗衮为此写诗说："平日时风好涕流，谗书虽盛一名休。"也简洁证明了罗隐一边是名气日盛，一边却要面临功名断送的危险。

越是落榜，还越狂妄，罗隐的窘境更加尴尬了。

不过，罗隐名气的确不小，有一个故事可证明。当时，京城有位名叫衣凤的制笔匠，技艺高超。罗隐十分喜欢他制的笔，两个人关系也挺好，算是布衣之交。一次，罗隐送给苌凤一百幅雁头笺纸，上面题写了自己的一些诗文。当京城中那些士大夫听说后，立即蜂拥而至，争相来购买他的笔与那些笺纸，这个制笔匠乐滋滋地发了一笔小财。

可见，罗隐这位落榜生已是京城名人了，尽管他在科场上并不受主考官欢迎。

这一年，罗隐没参加科举考试，因为他清楚自己的处境，同时他也感到很灰心，不过，罗隐向来心高气傲，听说同窗高中金榜，很不服气，他的功名之心又一下子被引燃了。到了下届考试，他还是参加了。

他想，这次以罗隐的新名字参加科考，说不定运气会好一些。

然而，他的犀利文风，考官们早已熟悉，一拿到罗隐的考卷，一下子就能猜到这个考生到底是谁。

之后，罗隐断断续续还参加过几届科考，但都无一例外以落榜告终。历时十五六年，十次参加科考又十次落榜，罗隐最终绝望了。

尤其是其中一次赶考时发生的一件事，真正让他对唐王朝不再抱希望了。

那一年他参加科考时，恰好遇上了大旱，连京城都缺水。皇帝便下令请法师作法求雨。罗隐又忍不住了，赶忙写了一篇奏书进谏，称旱涝灾害属于自然灾害，跟天地一样共存，做法求雨毫无作用，他认为此法不可取。

潜台词差不多就是，皇帝你是个糊涂蛋，不明道理。

罗隐本人还以为自己的意见会受到重视，但他的话实在过于直率，多少有些讽刺意味。领导看了，不仅对他的意见毫不在意，还龙颜大怒。因此，他的这次科举考试，也注定与金榜题名无缘。

不过，话说回来，即使考中进士又怎么样，领导一样不拿他的意见当回事，还不是蹉跎岁月？终于，万分绝望的罗隐似乎看透了，不再留恋京城了，他毅然地转身离开，给长安城留下一道潇洒的背影。

当途径江西钟陵时，他与十多年前在这里认识的歌姬云英不期而遇。

云英依然未脱风尘，没有找到好归宿，罗隐不胜感慨。再说云英，她一看到如今的罗隐还跟当年赶考时那样，依旧是个单身破落户，不无讥讽地问："一晃十多年过去了，你怎么还是一介布衣啊？"

尽管罗才子平常喜欢开开玩笑、吐吐槽，但是一旦开玩笑和吐槽的对象变成了自己，他的那颗被科考摧残得脆弱不堪的自尊心，再一次痛了起来，他当即回复了一首诗：

钟陵醉别十馀春，重见云英掌上身。

我未成名君未嫁，可能俱是不如人？

诗中完全是一副"同是天涯沦落人"的感慨，十多年之后，没想到你我二人竟能重逢，却都是半生不如意之人，潜台词自然是，咱俩情况差不多，你就别调侃我了。

至于他俩之间有没有发生浪漫爱情故事，不得而知，猜测也没用，因为罗隐很快就离开了江西。

这时，刚好天下到处传来黄巢揭竿起义的消息。乱世眼看要到了，罗隐为了避乱逃命，赶紧躲进了安徽九华山，隐居起来，这也真正符合了他的名字的寓意。

若干年后，已是五十五岁的罗隐返回家乡，算是叶落归根。

鉴于罗隐在家乡的名气，吴越王钱镠也对他格外赏识，他很快就被任命为书记员。这样，罗隐晚年终于踏进了仕途，尽管不是通过科举考试，而是凭借自己的才华与名气。

没多久，唐朝节度使朱温反叛灭唐，改朝换代，建号为大梁。罗隐见机行事，立马向领导钱镠建议：既然大唐已灭，咱们应该独立吴越国，自立为帝，与他对峙，以平叛朱温为旗号，将他收拾了，然后统一天下，完全名正言顺。

钱王接纳了。

接着，五代十国的局面出现了，吴越国独霸一方。罗隐——这位曾经的落榜生，则在晚年有幸得遇知音，成为吴越国的元老功臣，为家乡遗泽甚多。

一个狂妄的书生，在经历了诸多坎坷之后，终于还是笑到了最后。

今日头条

唐朝诗人如何炒作：陈子昂砸天价胡琴引发关注

李林甫为阻言路零录取 杜甫"被落榜"

落榜考生张继吟“枫桥夜泊” 被时人评为千古绝唱

韩愈高考也落榜：字字珠玑被考官视为废纸一张

避讳制度害死人 “诗鬼”李贺因父亲名字“被落榜”

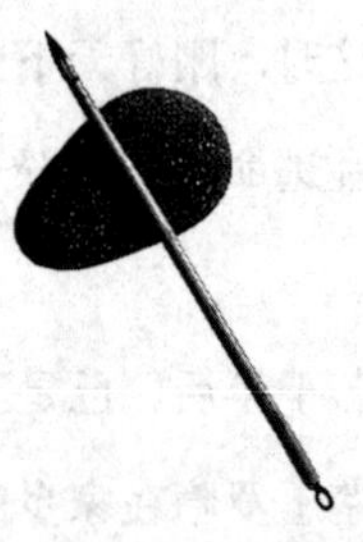

黄巢：满城尽带黄金甲

——“造反”是落榜生的特长

时代：唐末

落榜：3 次

职业：民变领袖

成就：建立大齐政权

对大唐王朝产生过毁灭性影响的，有两个人。一个是武将，一个是秀才。

武将就是安禄山。他曾担任藩镇节度使，他的发飙，一下子引发了长达八年的安史之乱，导致唐朝元气大伤，鼎盛不再，迅速走向下坡路。

那位秀才，就是当年科场失意的山东落榜生：姓黄，名巢。接连三次落榜，令黄巢内心的落寞、悲凉转化成了一种对唐王朝的愤怒，若干年后，他引领了长达九年多的农民军事运动，在中华大地上掀起了一场腥风血雨，从而摧垮了大唐王朝的基业大厦。

从此，大唐帝国分崩离析，日薄西山。

当然，这个秀才并不是手无缚鸡之力的文人，他具有一股子英雄气概。正因为如此，他才能写下这样豪气冲天的诗句：冲天香阵透长安，满城尽带黄金甲。

没错，菊花也有杀气，犹如满城黄金甲兵，冲击着内部腐朽堕落的巍巍皇宫。

假如，当年的黄巢运气能好点，没有名落孙山，那么唐王朝政府机构也许会多这么一个公务员人才，而不是造反者。可惜科场与官场一样黑暗，致使这位曾对仕途满腔热情的秀才，一咬牙成为了大唐帝国的“掘墓人”。

一个小小的因素，却造成了震动山河的局面。可以说，这场民变是由考试引起的“蝴蝶效应”。

无论怎么说，黄巢不是个软角色，绝对是个狠角色。

黄巢出身盐商家庭。在古代，政府规定，盐、铁这些重要资源，都受官方垄断专卖，不许私人贩盐。因而，当时的贩私盐就像今天贩毒品一样严重，黄家属于严重的非法经商。贩私盐的家庭，干的是违法勾当，而他家里经常收留一些亡命之徒，来对抗官府。在这样的家庭环境熏陶下成长，黄巢从小也就显露出他与众不同的英雄气魄，准确地说，是草莽英雄那种气质。

因此，黄巢在年轻时爱好运动，平时尤其喜欢骑马射箭，舞枪弄剑，练就了一身的武艺和胆识，这也为他日后的造反提供了相当的“资本”。

不过，父母还是希望儿子能参加科举，考取功名。这从黄巢的名字可以看出来。黄巢的“巢”字，在古代也写作“窠”，意为五子登科。可见，黄巢的爹娘是非常期望儿子能金榜题名、当上大官的，这样一来，不仅可以光耀门楣，而且也许更实在的一点是，全家以后也就用不着整天提心吊胆地从事贩私盐的违法生意了。

在父母的敦促下，黄巢也只好耐着性子埋头苦读，为将来的出路奋斗。

尽管黄巢的性格可能比较粗鲁，但他可不是个粗人，他的文才很不赖，从小就展现出过人的机智以及非同寻常的志向。

据说，在黄巢少年时，重阳节那天正好菊花盛开，父母为了考考他，便以此为题让他写一首诗。黄巢不假思索地口占一首绝句《题菊花》：

飒飒西风满院栽，蕊寒香冷蝶难来。

他年我若为青帝，报与桃花一处开。

从来没有哪个诗人这样写过菊花，除了黄巢。这首诗写得的确霸气外露，小诗人竟然蛮横地要求菊花能与桃花一起在春天开放。当然，这仅仅是个想象，他假设自己是“青帝”。

青帝是神话中的五天帝之一，掌管春季。秋天并不属青帝所管，菊花也不是青帝所管之花。天帝的权力远远高于人间的皇帝，连天帝也不敢逾越自然定理，而黄巢一个年轻人，却胆大包天、毫不客气地表示，假如自己他年坐上青帝的位子，就让迟迟开花的菊花一定提前在春天盛开，跟那些美丽的桃花一起争奇斗艳！

敢跟天神叫板，可见这个年轻人的口气多么狂妄，但是，谁又能否认他胸中的那一股罕见的英雄气概？他就是对上天不敬，对既定的命运不服，愤世嫉俗。从这首诗中，不难看出黄巢体内的一股拗劲。

几年的寒窗苦读之后，黄巢如其他学子一样，急切地加入了科举的赶考大潮，从山东来到首都长安。

整个唐朝对进士选拔极为严格，录取率向来很低，考生除了实力，还有靠运气。不仅如此，还需要有贵人举荐。所以，有实力，没运气，一场空；有实力，没关系，依旧一场空。

考试结束后，黄巢就急切地等着放榜那天。

等到桂花飘香的时候，已经快九月份了。漫长的煎熬之后，终于等来了让人提心吊胆的结果。站在拥挤的人群中，黄巢看遍了名单上的每一个名字。

不幸的是，最终黄巢没能实现父母多年的心愿。

名落孙山，这令黄巢很是郁闷。不过，他并没有一下子就灰心丧气。

之后，黄巢回家又接着复读，接着考试。但是，幸运之神并没有眷顾他，让他一朝金榜题名。一连考了好几年，黄巢都失落地铩羽而归。

一次次的落榜，让这位豪迈的考生不耐烦了：我黄巢文武双全，难道没有资格在你这里混上个一官半职吗？

此时，对于大唐政府，黄巢心中不由生出一种报复的心理。

很巧，这年他落第之日，又是一个重阳节。在这萧瑟的秋天，面对着金灿灿的怒放的菊花，他想到了多年以前，自己曾豪迈地写过一首菊花诗。不想今天，自己却如此失意落魄，所谓“不平则鸣”，于是在愤懑之中，黄巢索性又写了一首同题诗——《落第后赋菊》：

待到秋来九月八，我花开后百花杀。

冲天香阵透长安，满城尽带黄金甲。

风景依旧，人事却非。落榜的黄巢已不是当年的那个单纯的少年了；菊花虽然金灿灿的，很动人，但也已不是当年的菊花了。

这次，诗中的词句杀气横溢，每一枝菊花就像耀眼的枪矛。诗人已不再憧憬春天，而是希望就在秋天称王称霸：菊花一盛开，意味着春天的百花全部凋落，天下皆是菊花之香，满城盛开，就像黄金甲兵，无人可敌。

诗中的豪气不减当年，甚至充满了杀气！

更令后人诧异的是，没想到这一诗竟成谶。黄巢的这首落榜诗竟预示了他未来的命运，因此在整个诗史上，这首诗简直是奇迹中的奇迹。

这时，他的人生梦想和境界，似乎突然开阔了不少，他已经不仅仅满足于进士及第，不再稀罕获得一官半职，光宗耀祖，他从前的梦想已经上升为凌云之志，演变为整个天下。

没错，他觊觎的是整个大唐江山。而首都长安，就是他距离梦想不远的彼岸。

逆境是弱者的绊脚石，但却往往是英雄的垫脚石。黄巢就是这样的英雄，乱世英雄。就从落榜的那一刻起，他从一名秀才，蜕变成一世枭雄。

当然，更为凑巧的是，冥冥中上天也给这位落榜生提供了一个巨大的契机。

这个契机来自他的老乡王仙芝。这位老乡也曾是个贩私盐的主儿，常年四处奔波，被官府跟在屁股后面追缉。当时关东大旱，政府实在不像话，苛捐杂税却还在不断加重，导致天下各地盗匪风起。贩盐老板王仙芝也很快加入了这些阵营。

公元874年，王仙芝自称天补平均大将军，散布檄文，在河南一带揭竿起义，各地风起水涌，云集响应。

这个消息让刚失意不久的黄巢当即热血沸腾，并在瞬间发现了一片更为广阔的新天地——这正是他心中蕴藏已久的抱负。

让进士见鬼去吧，他要做一个天下豪杰。他毅然做了这个人生抉择。

于是，黄巢连夜奔回家乡，拉拢亲戚弟兄以及从前的哥们儿，聚众收徒，散尽家财招兵买马。半年的光景，他的身边已经聚集了上万人马。

第二年，黄巢开始打起旗号，带着军队投在了王仙芝帐下。两支队伍会合，迅速声势壮大起来。两军联合起来，开始向西进发，攻取东都洛阳。洛阳一旦被攻下，西都长安就危险了。

中央领导人唐僖宗惊慌失措之下，不得不连忙委派大将宋威领兵抵抗，并且将河南各藩镇的军队由他随意支配，甚至连三千皇宫禁卫军也拨给了宋威调遣。可见，当时的唐僖宗吓成啥样子了。

宋威的大队援军到来，实力的确相当强，洛阳一时难以攻下。农民军不得不转向河南、湖北之地，继而势如破竹，占领了许多郡县。

不想，期间黄巢与王仙芝两个人闹了点矛盾。黄巢是个急性子，不小心竟然把王仙芝的额头弄伤了。合作不下去了，由此两个人各领一军，分兵作战。

黄巢北上，王仙芝南下。

此后在危急关头下，两个人也曾一度联合攻取河南。但那次只是权宜之计，不久两个人又兵分两路，各自奋战。

公元 878 年，王仙芝在湖北黄梅一带作战时不幸战死。他的手下部将尚让等人颇具有战略眼光，心知群龙不能无首，立即带兵投奔到安徽亳州黄巢手下，并推举他为黄王。黄巢也不客气地自封了一个牛气冲天的旗号：冲天大将军。

从此，两支军队归于他一人。在他的独立率领下，黄巢成为农民军的唯一指挥、最高领导人，肩负起推翻唐王朝的“使命”。

革命事业进行得轰轰烈烈、如火如荼。

没过几年，黄巢领导的农民军就占据了广东、广西整个岭南地区。黄巢在广州自称“义军都统”，并向天下发布檄文，以他敏锐的目光，毫不客气地指责唐王朝宦官弄权等各种弊病，从而让农民军更加名正言顺，也为日后农民军的壮大造了不少声势。

休整了大约两个月，黄巢带领数十万农民军，开始挥兵北伐，高调宣布进军关中，攻占首都长安。自古道“兵不厌诈”，许多军事家喜欢偷袭，而这种光明正大的宣称，足可见黄巢是个草莽英雄，并不擅长用阴谋。也许，这是他最终失败的原因之一。

公元880年末，黄巢的军队逼近东都洛阳。沿途的百姓纷纷热情参军，队伍一下子就壮大到上百万，实力大增。

面对大军压境，洛阳城不攻自破。

但黄巢在洛阳并没有久留，很快便带领大军直挺关中，深入长安。同年十二月，黄巢就攻破了潼关天险，进而不费吹灰之力拿下了首都长安。

这时，中央领导唐僖宗一行人，已经提前带着妃子、太监、大臣仓皇逃离长安，奔往四川，再次重演了一百二十四年前祖先唐玄宗为躲避安史之乱而西逃的狼狈一幕。一个落榜生，竟让唐僖宗成为大唐史上狼狈逃离首都的第四位中央领导（此前总共有三次类似的最高领导逃亡事件）。

想想，历史这么一再重复上演，尤其是那些滑稽的场景，难免让人感叹。

这年，相比那些状元，占领了首都的黄巢显然更要春风得意。如今他自封“承天广运启圣睿文宣武皇帝”，改国号为大齐，封自己老婆为皇后；然后依照唐制，在大明宫的丹凤门前给各部将领封官加爵，一个新的王朝在表面上诞生了。

当黄巢进驻大唐皇宫，登上太极殿，坐上那把高贵至极的龙椅，看到下面几千名宫女一起下跪迎拜，口呼“吾皇万岁”时，他也许想起来当年曾写过“他年我若为青帝，报与桃花一处开”的诗句，不由得意地仰天大笑，今天的事看来果然是天意。

但是，得意忘形的黄巢却忘记了一件更大的事，那就是他并没有完全统一天下，旧朝的皇帝并没死，手下还有一帮将领、臣子；藩镇依然存在，拥兵自重。因此，长安周围危机重重。

公元882年，黄巢手下一位镇守陕西的大将朱温，竟在关键时刻叛变，领着一支军队投靠了唐王朝。同时，节度使李克用在唐王朝的请求支援下，也率领精锐部队近两万人南下。

两军联合夹击长安，黄巢的皇帝宝座坐不稳了。

于是第二年，刚在龙椅上把屁股坐热，黄巢就不得不撤出长安，急急向东撤去。在一路追击中，黄巢很是狼狈。最终，这位大齐皇帝不得不撤到山东莱芜的狼虎谷，退居一隅，暂避风头。

就在狼虎谷，一代枭雄的传奇就此画上了句号。关于黄巢的结局，史上有各种版本：有人说他被叛变的外甥杀了，也有人说他是自杀，还有人说他最后出家做和尚去了。

最后一种说法，颇有依据。

据说，黄巢当年在狼虎谷用了一招金蝉脱壳之计，侥幸逃脱。若干年后，他隐姓埋名，行走在民间，最后从洛阳来到宁波雪窦寺，并在此出家，后来还成为一代高僧。而且，后世还流传着他晚年的最后一首诗《自题像》：

记得当年草上飞，铁衣著尽著僧衣。

天津桥上无人识，独倚栏干看落晖。

天津桥在洛阳，建在洛水上。这位枭雄回想自己曾经身穿铁甲，驰骋于战场，如今年迈的他却穿上僧衣，独自站在黄昏的天津桥上，倚着栏杆，不无悠闲地看着渐渐消逝的夕阳。

谁也不知道，这位悠闲的高僧，竟是当年叱咤风云的一世枭雄。

历时将近十年的黄巢起义终于停息了，然而这场起义沉重地打击了唐朝政府的腐朽统治，导致唐末国力大衰，就在短短几十年后，大唐帝国就在一场乱世中谢幕了。

黄滔：万里一身求大名

——落榜次数最多的“文坛盟主”

时代：晚唐五代

落榜：20 次

职业：四门博士

成就：著名文学家，“福建文坛盟主”、闽中“文章初祖”

到了晚唐，潘镇割据，政局动荡，这是一个末世，同时也在向一场乱世迈进。这种时代，是武将飞黄腾达的机会；相反，书生文人的日子往往不好过。

因此，就有一位考生，屡战屡败，屡败屡战，居然考了长达 23 年，实在是让人佩服，当然，最终实现了目标，一举成名天下知。由此，他也破天荒成了东里黄氏一族第一位进士，之后历朝历代，这个家族竟然诞生了 94 名进士。

这位具有钉子般锲而不舍的精神的考生，名叫黄滔。

他是福建人，出生在贫苦人家。由于是草根出身，自然不能像那些出身大家的孩子那样，从小受到浓厚的文化熏陶，直到二十岁那年，黄滔才有机会捧着书本，出门去寄宿学习。

公元860年，年已弱冠的黄滔毅然离开了家乡，与其他几名同窗一起，来到三十里外的南山东峰书堂开始苦读。东峰书堂在县城郊外，距离灵岩寺不远。

古代也有私塾学校，为什么他偏偏要到深山老林里去读书？

这跟唐朝的风气有关。当时的读书人，有钱的可以在山上结庐，给自己专门弄个读书堂，一心闭门苦读；没钱的就跑到山中的寺院里，充当寄宿生，既能跟着和尚蹭饭，还能无限制地利用寺院里的长明灯。由此，他们就可以暂且抛却后顾之忧，安心读书学习。

总之，深山是修行的地方，也是静心学习的好去处，既能让年轻人抛掉各种杂念，也能避免尘俗的打扰，一举两得，这样学习往往是事半功倍。

当然，黄滔能跑到南山读书，还因为当时的另外三位大才子：欧阳詹、林藻与林蕴。

在大历年间，欧阳詹作为晋江才子，少年时就是文章高手，大名远扬；而后他又听说林藻与林蕴兄弟两个人学识卓越，便一路北上，来到莆田，与这两个兄弟商量在南山结庐读书，并创办了一座书院——灵岩精舍。

之后，林氏两兄弟分别高中，而欧阳詹则与韩愈、李观等考生同年金榜题名，而且还比韩愈高一个名次。欧阳詹为第二名榜眼，韩愈是第三名探花。更为有缘的是，欧阳詹后来还成了林氏两兄弟的妹夫，结成一家亲，令人羡慕不已，他们也被舆论界贴上了“三贤”的标签。

黄滔正是慕名而来的。

同其他几位学友一起来到灵岩精舍后，黄滔一边在附近的寺院里寄食，吃免费的午餐，一边苦心读书。

转眼间，已是十年。十年前，黄滔曾在书堂的庭院里种了两棵龙眼树，这时已经长成了枝繁叶茂的参天高树，一到夏季，满树上更是果实累累、果香四溢。树犹如此，经历了十年寒窗的黄滔，觉得自己也应到了结果实的时候了。于是，他向其他几位同窗提议，一起进京赶考，算是对自己十年苦读的一个交代。

然而，他们却由此分道扬镳了。因为其他几位同窗不愿出山，更不愿去长安参加科举考试——他们极力反对应考。

为什么呢？

原因很简单，在唐懿宗与唐僖宗统治时期，官场黑暗，社会制度混乱，那些高干贵族互相勾结，把持着权力机构，致使那些有才华的穷考生往往只有干瞪眼的份，很难通过正常途径金榜题名。

一句话，当时那些金榜题名的考生，大多是干部子弟、贵族子弟，甚至是乡绅富二代，穷二代很少有中榜被录取的机会。这让天下的寒门学子寒了心，纷纷却步。

不过，对于金榜题名、求取功名，志向远大的穷学生黄滔依然十分热心。

公元871年，无人做伴同行，黄滔只好收拾行李，孤身一人，跟随着正好要进京的官员，一路赶往首都长安城。

由于古代交通不便，经过一年的跋涉，黄滔才拖着疲惫的身体来到长安。

黄滔好不容易来到长安，没想到那年是个闰八月，这意味着离家的学子要在他乡过两次中秋节，再加上还要面对日益迫近的初次考试，黄滔内心难免忐忑不安，于是他写下了一首绝句《闰八月》：

无人不爱今年闰，月看中秋两度圆。

惟巩雨师风伯意，至时还夺上楼天。

这首诗的语句明白如话，而欣喜之情溢于言表，除了两度圆月之外，其中还显露了黄滔“月中折桂”的梦想，这也是每个考生的心里话吧。

也许是因为怯场，以致发挥失常。初次逢考，黄滔榜上无名。当然，他也许是被挤对甚至冒名顶替也很难说。

总之，黄滔是一战落榜。落榜的考生总是很失落的，于是他写了一首《下第》诗：

昨夜孤灯下，阑干泣数行。

辞家从早岁，落第在初场。

青草湖田改，单车客路忙。

何人立功业，新命到封王。

在昨夜孤独的灯光下，我不禁双泪簌簌，零落数行。从很早就离家而去，而今却不幸在初场就沦为一介落榜生。青草湖边的田地一年年改变，旅途中那些车来车往，依旧忙忙碌碌。到底是谁立下功名，最新被封王加爵呢？

这就是诗中所表达的内容。从回忆到憧憬，这时黄滔的失意油然而生，他也希望成为那个被封王加爵的人，但这个目标又是那么遥远，要等到何时才能实现？一丝迷惘涌上他的心头。

不过，黄滔也许还不知道，这次落榜仅仅是他失败的一个小小的开端，在不久的将来，他还要面临更为坎坷、更为漫长的科考生涯。

从此，他要等候漫长的二十四年，苦心煎熬，才能慢慢地逼近那个遥远的目标。此后的他，虽然几乎每年都要参加科考，但却是场场落榜。当然个中原因，谁也难猜。

在首都待久了，黄滔也渐渐明白了一些科场内幕与潜规则，在形势的逼迫下，黄滔不得不为自己寻求门路，每年都会向一些权贵人士呈送自己的诗文，毋庸置疑，这些投递文章自然是拍马奉承。然而，这些几乎无济于事，他一介孤寒，缺乏强大的后援，注定是争不过那些后台强硬的权贵子弟。

据说，当时有两个地方的考生形成庞大的势力集团，在科举考试中占垄断优势，一个是山东士族，一个是关陇集团。唐开元之后，原本与朝廷政权人物关系较疏的山东士族，为求仕进，大量参加科举。到了唐朝中后期，士族一直在科举系统占有很大的势力，除了社会地位最高的山东士族，还包括原与隋唐政权关系较密的关陇集团。这些旧家与在科举中成为新宦的士族，扼住了考生们的龙门之道。

据一些史料记载，当时北方考生的高中率可达百分之十，而江南的考生却只有可怜的百分之一，之间相差可不是一丁点。可见士族垄断是个事实，不公平现象普遍存在于科举考试中。身为与中央隔绝的福建考生，黄滔的科举之路就更为艰辛。不管他的才学如何，社会事实就打败了他。他本人在科场摸爬滚打多年，也很清楚这一点。

面对这种无情的打击，黄滔失望、伤心，甚至是悲愤：

一年年课数千言，口祝心祠挈出门。

孤进难时谁肯荐，主司通处不须论。

频秋入自边城雪，昨日听来岭树猿。

若有水田过十亩，早应归去狄江村。

又一年，黄滔还是落榜了，他打算东归，并赠给朋友一首诗《下第东归留辞刑部郑郎中诚》：

去违知己住违亲，欲发羸蹄进退频。

万里家山归养志，数年门馆受恩身。

莺声历历秦城晓，柳色依依灞水春。

明日蓝田关外路，连天风雨一行人。

看来，黄滔这次的确心灰意冷了，在落榜之后，他曾伤心痛苦过；在看清了现实之后，他又难免有些退缩，甚至还萌生了归隐山林的念头。

又有一年，黄滔再次落榜了，他想离开京城散散心，写了这首《下第出京》：

还失礼官求，花时出雍州。

一生为远客，几处未曾游。

故疾江南雨，单衣蓟北秋。

茫茫数年事，今日泪俱流。

长安待得久了，都没去过其他地方，黄滔一边憋得慌，一边又为落榜伤心落泪，于是他打算离开京城，进行一次远足。

其实，几乎每次落榜，黄滔都会离开京城，但并不是回乡，而是去各地的名山大川游历一番。这并非因为他喜欢旅游，而是因为他需要排遣心中的郁闷；而四处漫游，绝对是一种治疗“内伤”的有效方法，尤其是黄滔这种遭受深层内伤的落榜生。

每次游历，也是抒发情怀的最佳机会。他都会写下一首首歌咏山川美景的诗作来，这也不枉他多年的苦学。是才华，就不能让它放着生锈。因而，黄滔最终给后世留下了大量的山水风景诗。

多年以后，身经考场的黄滔似乎患了“黄榜恐惧症”了，每次放榜那天，他甚至都不敢去看录取榜单了。

然而，蹉跎多年的黄滔还是心有不甘，他不愿多年的艰辛换来的只是落魄归家乡。

每年的科考，黄滔照例必定参加，绝不缺席，除了特殊情况。

而这个特殊情况，就是战争。这些战争先后分别是河东兵变与黄巢起义。作为首都的长安满城被一片恐慌笼罩，战事一拉开，连皇帝都逃到四川去了，那么科举考试就显得多余了。

于是，其中的四年，中央取消了科举考试。

一心想着高中金榜的黄滔，又被泼了一头冷水，这四年来，他除了跟着背井离乡的逃难百姓四处躲祸之外，还能做什么呢，没有死在饿殍遍布的逃亡路上，已经是相当幸运了。

战争一结束，天下暂时太平了，科举考试也恢复了。

公元 886 年，中央朝廷恢复了科举考试，这年仅仅录取了九名进士，少得可怜。而不幸的是，黄滔依旧榜上无名。

此后连续科考，年年放榜之日，也都是黄滔年年悲伤之时。据说在这期间，黄滔的一些同窗好友与亲戚（大都比他年轻，甚至是他的小辈，如陈峤、韩偓、黄璞、陈乘、徐寅等人）都陆续金榜题名，成为登科进士，而唯独他一人依旧落魄不堪。

但是，黄滔贵在能坚持。

守得云开见月明，在公元 895 年的放榜之日，黄滔终于在榜上欣喜地看到了自己的名字，虽不是状元，却也勉强名列前茅：在二十五名进士中，他名列第十。

游街观花，琼林夜宴，这些都是对黄滔二十多年的煎熬的一点慰藉。他完全沉浸在无比胜利的喜悦中。

此时，一场意外的事件却发生了。

事情出在主考官崔凝身上。一些落榜的考生发现了录取的内幕，纷纷指控主考官营私舞弊，并且公开曝光：除了黄滔与程晏两个人外，其他人都是通过权贵走后门被录取的。那张“薄纸”一捅开，中央政府立马遭到各界的抨击。

唐昭宗面子挂不住，于是宣布这场考试无效，下令重考，并且换成户部侍郎陆扆担任主考官，由唐昭宗本人亲自阅卷。

看来，这场科考事件在当时影响不小。

对于黄滔而言，他可是一个实力派，重考也没关系。重考的结果是，录取的进士为十五名，其中原状元张贻宪以及其他一些人纷纷落榜，原为第八名的赵观文则荣登状元，而黄滔仍然名列金榜。更可笑的是，其中落榜的十人中，四人因为文笔差得不像话，被唐昭宗宣布永远不准参加科举，六人允许今后再试。

这次事件中，这位中央领导算是做了一回明君。

一生科场坎坷的黄滔，终于实现了自己最初的梦想，一举成名天下知，这年他已经五十六岁。但是，考中进士并没什么，做官也并没什么，黄滔只不过为了完成自己的心愿罢了。

没有多久，他荣归故里，并且退隐乡里，以写诗作文为乐，与朋友们诗歌唱和，并在家乡创办了一座书院，让更多的家乡人有机会读书。

漫长的坎坷与磨炼后，这位多年失意的落榜生，苦心经营，最终在骈文方面独树一帜，无人能敌，在当时成为一代大家，并被誉为“福建文坛盟主”、闽中“文章初祖”。

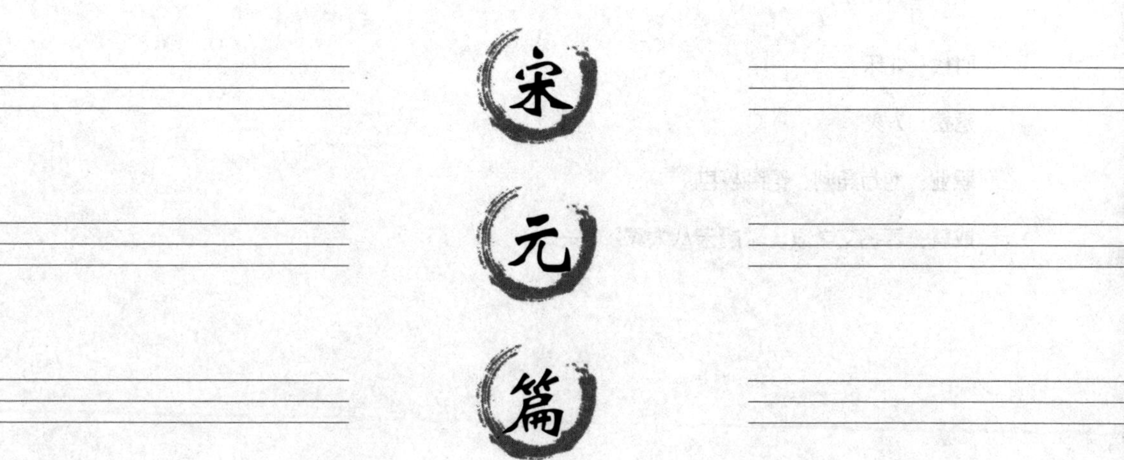

宋元篇

曾巩：落杀曾家两秀才

——与宰相并肩齐名的落榜生

时代：北宋

落榜：7 次

职业：地方通判、馆阁校勘

成就：著名文学家、“唐宋八大家”之一

说起唐宋八大家，宋朝就占了六名：苏洵、苏轼、苏辙、王安石、欧阳修、曾巩。其中曾为落榜生的有两位，一个是宋东坡的老爹苏洵，他是大器晚成型的人物；另一个就是曾巩，属于这个队伍中的小辈。

由此，谁也不能怀疑，曾巩乃是大宋朝最有出息的落榜生之一。

在大宋政府中担任公务员，谁都知道，这是文人们最有幸福感的时代，因为这个王朝是“以文艺建设为中心”，而不是“以经济建设为中心”。因而，文人与文官几乎个个享受着某种优越感，只要你不是个缺乏真本事的空头文学家。

所以，整个大宋王朝施行的政治方针是重文轻武，文科生的待遇要优越于理科生，文官的地位要高于武官。这里还有一个铁证：当年的宋太祖赵匡胤打下江山后，曾给后代子孙秘密制定过这么一条法律条文：凡是文人犯法，无论罪行多重，一律不许处死。换句话说，文人犯法，可以无条件免死。

据说，这条秘密条文，就刻在宋朝孔圣庙里的碑上。

然而，这并不等于说，秀才就不会落榜，文人就不会坐牢。大才子苏东坡就曾因“乌台诗案”而锒铛入狱，高才生曾巩也因个中原因而落榜七次。

只要是考试，就有金榜题名，也有名落孙山。只有这两种情况，没有第三种情形出现。而每当放榜的那天，不可避免的总是几家欢喜几家愁，要让天下所有考生皆大欢喜，这种情形不可能出现。

俗话说“名师出高徒”，曾巩之所以如此出众，与他有名师指导有着密不可分的关系。

他的那位非常牛的老师，就是当时的文坛领袖——欧阳修。不过，后来的事实证明，拥有无与伦比的师资力量，也不等于就能叱咤考场，轻松高中。

曾巩自幼聪慧，因而入学也很早，他跟着自己的哥哥曾晔在私塾里一起读书，兄弟俩倒成了同桌。

还有一点，曾巩记忆力极强，读过一篇上万字的文章，立马就能一字不差地脱口背诵出来，惊得哥哥时常目瞪口呆，甘拜下风。

可见，曾巩绝对是个与众不同的学生。

这样一个好苗子，具有这样明显的优势，学习起来自然小菜一碟，名列前茅不在话下。

到了十二岁时，他就已经能写出像样的文章了，文辞很有气魄。一次，在作文课堂上，曾巩写了一篇议论文《六论》，老师刚说了作文题，他几乎是不假思索地援笔而成。老师看过之后，又惊又喜，连连竖大拇指。

这就是当年意气风发的少年曾巩。

宋朝时，出身一般的考生，科举考试基本都要经过童试（包括县试、院试、府试）、乡试、省试这三大关。

景佑初年（公元1034年），曾巩与三个弟弟曾晔、曾牟和曾布等六名亲友一起去参加乡试。通常乡试考中后，身份就高一级，就是举人了。仅仅这个举人身份，对于范进而言，可是耗了大半辈子呢。

不过，对于以曾巩为首的曾氏兄弟，这简直易如反掌，这年他们六人个个都轻松考中举人，急切地期待着三年一次的省试。

省试地点并不是设在各省，而是设在首都，即东京洛阳，由礼部侍郎（相当于现在的教育部副部长）主持。

两年后，好不容易等到首都开考。曾巩与兄弟几人结伴来到首都洛阳，这年他十七岁。就在洛阳城里，曾巩第一次遇见了同样才华出众的老乡——江西高才生王安石，也就是未来的赫赫宰相。这年王安石才十五岁。

这两位才子一相逢，自然相见恨晚，很快便成为知己，并且时常相约去郊游，一边逛风景，一边侃人生。

王安石当时年龄过小，尚在求学阶段，这年他没有参加科考，曾巩则踏进了考场。

等到黄榜张贴的那天，曾巩有些傻眼，榜上竟没有自己的名字，而且哥哥曾晔也同样名落孙山，兄弟俩双双失意。

在首都没待多久，兄弟二人就打道回府，垂头丧气地回到自己的老家南丰。曾家兄弟的名声在家乡颇有影响，也因此受到一些秀才的嫉恨，如今他俩这般模样回来，那些秀才趁机起哄，嘲笑他们兄弟俩。

于是，这些幸灾乐祸的人不无恶意地写了一首酸诗，嘲笑道：

三年一度举场开，落杀曾家两秀才。

有似檐间双燕子，一双飞去一双来。

诗中无非是嘲笑曾巩兄弟俩，双双去考试，却双双挂了，就像房梁上的一双燕子，铩羽而归。面对嘲讽，曾巩并没放在心上，而是跟哥哥继续发愤读书。

为了能安心读书复习，曾巩在盱江的南岸选择了一处幽静的岩洞作为读书之所。这就是此后有名的“读书岩”。兄弟几人就在这个岩洞里一边共同复习，一边相互切磋。

一晃三年过去了，下一轮的省试临近。

庆历二年（公元1039年），曾巩再次来到洛阳，并很快进入太学，注册为监生。这年他二十岁。

太学是古代官方的中央大学，入读生的身份即监生，可以直接参加省试。就在这所大学中，曾巩遇到了一个对他的人生影响深远的人，此人就是欧阳修。当时欧阳修身为翰林学士，兼职国家图书馆编撰工作。

某天，曾巩登门拜访欧阳修，并当场拜他为师。

在学校里，曾巩写了一篇《时务策》。老师欧阳修读了之后，发现文笔独特、思想深刻，不由得拍案称奇，大为激赏，并且毫不隐讳地表示：在我门下成百上千学生之中，能得到曾巩这么一个学生，我已经心满意足了。

欧阳修能收到曾巩做学生，在他本人看来，是自己的福分。

当然，能获得大学士的赞誉，这无异于一场免费宣传，而且属于官方宣传。曾巩的才名一路直线上升，很快就名动京城。

然而，成也萧何，败也萧何。曾巩的名气越大，对他的科考越不利。这次科考下来，刚得意不久的曾巩，再次跌入失望的低谷——他依旧榜上无名。

也许，曾巩还不知道，当时科举考试与政治立场之间黑漆漆的内幕。

原来，当时欧阳修发起了一场文化改革运动，主张文风自由的散文；但是中央有一大批政客属于保守派，抱残守缺，主张祖宗的制度不能变，应该保持用文体死板的骈文作为考核标尺。于是，革新派与守旧派展开了交锋。

其实，差不多就是散文与骈文的斗争。

骈文就是古代的韵文，一般有固定的格式，句末要像写诗那样押韵，句式多为四六句，因而也叫“四六文”。其中王勃的《滕王阁序》就是历史上名气最大的一篇辞藻华丽的骈文典范，但是这种僵化的形式必然会损害和限制内容的表达，优秀的骈文寥寥无几。

相比起来，尽管古代的散文不同于当今的散文，但两者有个共同特征，即没有那么多条条框框，率性抒发，文章表达更为自由活泼，当然也更生动。

毫无疑问，身为欧阳修的门生，曾巩注定站在革新派的阵营。

最终斗争的结果是，守旧派胜利了，革新派失势。科举考试仍然按照僵化死板的文章格式来阅卷评分。曾巩所写的那种自然随性的散文，完全不符合死板的骈文格式，尽管他的散文写得非常生动有趣。

就因为文章格式不符合标准，曾巩注定再次名落孙山。

大学士欧阳修不满了，他为自己的爱徒感到愤愤不平。当曾巩要离开首都回乡时，这位恩师亲自为他送行，并写了一篇赠文——《送曾巩秀才序》，借机毫不客气地抨击了当时的科举制度的选拔标准，同时也是为自己的学生鸣不平。

能遇到这么负责任的老师，做他的学生也值了。

公元1042年，曾巩第三次来到首都应试。科举考试与政治气候息息相关，而这时的当朝宰相乃是吕夷简。

这个人是个十足的守旧派，是欧阳修、范仲淹等改革派的死敌。当时吕夷简大权在握，一边为自己的阵营网罗人才，一边将范仲淹、欧阳修等人列为打击排挤的对象。

再说曾巩，虽然他现在还连进士都没考上，但是才名却已经传遍首都。换言之，他已是社会各界公认的人才。于是，曾巩就成了宰相吕夷简的笼络对象。

笼络，首先就要会收买人心。

吕夷简来了这么一招——做媒。打听到曾巩还是个单身青年，于是他立即以宰相的身份亲自做媒，派自己的亲信高若讷为曾巩说了一桩亲事。亲家就是光禄少卿晁宗恪，对象则是其女晁文柔。而晁文柔，听名字就知道是个温文尔雅的大家闺秀，这位小姐早就听闻曾巩的才华，一颗芳心暗自系在曾巩身上。

能遇到大家闺秀“倒追”这样的好事，曾巩不由受宠若惊，赶忙答应了。

就在曾巩参加科举考试结束后第三天，他与晁文柔小姐订婚了。当然这是由幕后操纵者——宰相吕夷简一手策划的。

这一切，单纯的曾巩自然被蒙在鼓里，一无所知。

订婚后不久，幕后操纵者现身了。吕夷简以大媒人自居，要求曾巩写一篇骈文，而且内容要求是攻击范仲淹与曾巩的恩师欧阳修等人。这时，曾巩才恍然大悟，看清了吕夷简的伎俩，他当即表明态度，直截了当地表示拒绝：对不起，宰相大人，小生不擅长写骈文。

吕夷简的意图落空了，曾巩的前程自然也就断送了。这年的黄金榜上，那位曾经和他有过交情的老乡王安石名列前茅，而曾巩的名字依旧毫无踪影。

当曾巩看到老乡兼朋友的王安石金榜题名时，他的心情难以得知，但想来绝对不会是开心。想想看，一个是少年得意，一个是屡战屡败，这样戏剧性的对比，多少显得有些讽刺。

至于曾巩的婚事，是否就此黄了？并没有。

宰相吕夷简这时还不放过曾巩，他派自己的手下高若讷等人极力压制和打击曾巩，甚至是恐吓；同时，那位名义上的老丈人晁宗恪也是个势利眼，看到曾巩落榜，便翻脸不认人，立马不承认这桩婚事，千方百计地想悔婚。

幸亏晁文柔小姐早认定曾巩是自己的老公，非他不嫁。于是，这位千金毅然决然地跟老爹闹翻，索性跟曾巩私奔了。

这年，王安石被任命为淮南节度判官，风光上任；而曾巩却收拾包袱，带着私奔的新娘，落魄归乡。

庆历五年（公元1045年），又到了三年一度的科考。

曾巩再次进京赶考。不幸的是，这次的政治气候更加恶劣：由于朋党之争，范仲淹、杜衍、韩琦、富弼等一批文化革新派先后被免职。

曾巩的恩师欧阳修十分不满，立马向中央上书，为范仲淹等人极力辩护，认为这完全是小人对忠贤之士的谗害。

没想到，此举非但没拯救到别人，自己反倒被拉下水，欧阳修也被下放到滁州市。也就在这里，欧阳修写下了那篇大名鼎鼎的《醉翁亭记》。

就是这种黑暗的政治气候中，曾巩第四次参加了科举考试。中央教育部以及人事部几乎都是欧阳修的死对头，而作为欧阳修的门生，不言而喻，曾巩再度落榜。

曾巩已在科场上四度碰壁了，这种精神打击可想而知。

第二年，听说恩师被下放到滁州市，落榜后的曾巩便一路南下，直奔南京，然后从宣化乘船，不远千里到达滁州看望恩师欧阳修。师生二人促膝交谈，除了谈论诗文与时弊，无疑也增深了几分浓浓的师生情。

此后，曾巩尽管按时去首都应考，但是无一例外地铩羽而归，又是三战三败。个中原因，无非是保守派的从中作梗。

直到八年后（公元1054年），欧阳修被调回中央任职，主编《新唐书》后，中央的政治气候开始大转。在欧阳修等人的努力下，文化教育界的乌云也渐渐消散一空，变得晴朗。

嘉佑二年（公元1057年），欧阳修的身份已经非同小可，掌控了教育部门，并且作为主考官，亲自主持科考。

曾巩不失时机地再次应考，并带着弟弟曾牟、曾布以及堂弟曾阜共同奋战考场。同时，值得一提的是，这年赶考的还有另外两位四川才子：苏轼与苏辙。

曾巩的文章早就是欧阳修所赞赏的，更何况两个人关系已经非同一般。而苏家两兄弟的才华也是举世皆知，因而这年的黄金榜上，赫然列着“唐宋八大家”中的三位：曾巩、苏轼、苏辙。至于曾家的其他几名兄弟，他们也一起金榜题名，这似乎是个大团圆结局！

多年落榜的曾巩终于如愿以偿地考中进士，这年，他已经三十八岁。

当上官并没什么，重要的是坚持自己的理想，发挥自己的天赋。曾巩在业余时间笔耕不辍，跟从恩师欧阳修等人，一起推动新文学改革运动。若干年后，他在古文领域成为一代大家。

据说，曾巩生前每写成一篇文章，一旦传开，不到半个月，那篇文章必定风行天下。以至于那些知识分子纷纷手抄，万口传诵，唯恐自己获得晚了。到了晚年，曾巩俨然一代宗师。他的学术和文章，生前已传誉遐迩，身后更是盛名不衰。

柳永：才子词人，自是白衣卿相

——敢跟皇帝叫板的不羁词人

时代：北宋

落榜：4 次

职业：屯田员外郎

成就：“婉约派”代表词人

“奉旨填词”，是风流词人柳永的专用标签。

其实，这话出自当年作为考生的柳永本人之口。殊不知，这是柳永落榜后的气愤之词，是向皇帝公然叫板的宣言。

当年，宋仁宗扔了一句话：且填词去吧！言下之意就是，你就好好做你的词人吧，以后不用考进士了。这下就把心高气傲的考生柳永打进“十八层地狱”，不仅抹杀了他的名额，而且从此也取消了他的考试资格，断送他的大好前程。

作为考生，柳永也不是软骨头，既然你皇帝老儿这么说了，我也不怕，我就按你说的来，不是你堂堂皇帝让我填词嘛，那我就来个顺水推舟，于是他堂而皇之地给自己挂上门面：奉旨填词。

这完全是假借皇帝的金口玉言给自己打广告、做宣传。这个广告语一打出去，柳永的身价倍增。柳永——这个芸芸考生中不见经传的“人名”，一下子变成了“名人”，传遍国内，甚至之后还流传到了大宋敌邦——金国。

若干年后，也正因为柳永的词集传到金国，当时金国国主完颜亮是个文学爱好者，很快也成了柳永的忠实粉丝之一。当他读到柳永的那首赞美杭州风景的《望海潮》，一下子激起了他的觊觎之心，从而发动了一次大举攻宋的战争。

柳永的一首词，居然引发了国际战争，足见柳永的才华魅力。这是后话，暂且不提。自从柳永借皇帝玉言，虽说是给自己打广告，其实在本质上，一方面也是为了发牢骚，另一方面也作为自我调侃。

一位考生能与国家领导人杠上，这也是一桩重磅新闻！而这起事件其实源于一次科考——之前他已经是三次落榜了。期间的艰难坎坷，自是不容易。不妨从头讲起。

首先，柳永是一个干部子弟。他不仅出生在干部家庭，而且还是书香门第，物质财富和精神财富两样都不缺。在这样的环境下成长，先天条件优越，自然比其他穷孩子、苦孩子的起点要高许多台阶。

其实，柳永原名叫柳三变，上面有两个哥哥，分别叫柳三复、柳三接，三兄弟都有出息，可谓“柳氏三绝”。但在柳氏大家族里，他排行老七，因而从小被人称“柳七”。

除了先天条件优越，柳三变更是个聪明的学生，而且颇有悟性，具有很强的自学创新能力。这里有两个证据可以证明。

根据《建宁府志》记载：柳三变的家乡福建崇安有一座中峰寺，他九岁离开家乡时，曾写过一首《题中峰寺》的律诗：

攀萝蹑石落崔嵬，千万峰中梵室开。
僧向半空为世界，眼看平地起风雷。
猿偷晓果升松去，竹逗清流入槛来。
旬月经游殊不厌，欲归回首更迟回。

九岁儿童，能写出这样境界的诗来，出人意料，柳三变当即被乡人摸着脑袋赞不绝口，称他为神童。的确，柳三变具有过人的诗歌天赋。

另外一个事件，更是让柳三变在诗词方面的造诣突飞猛进。

据说一次柳三变出门游玩，途中在一座亭子里休息，发现亭柱上刻有一首词：

鹭破眉峰碧，纤手还重执。镇日相看未足时，忍便使、鸳鸯只！
薄暮投村驿，风雨愁通夕。窗外芭蕉窗里人，分明叶上心头滴。

好奇的柳三变很感兴趣，就在亭柱下蹲了半晌，反复咀嚼，烂熟于心，突然茅塞顿开，一下子就领悟了诗词写作的窍门。

所谓“一事能狂便少年”，一有了“独门绝技”，人很容易变狂。

柳三变自从精通了作词写诗，才华上远远胜过两位哥哥，难免有些得意自傲，在他看来，金榜题名易如反掌，他日封官拜爵更是探囊取物一般。

这是古代每个高才生的梦想，实属正常。

更何况柳家人才辈出，个个都是进士出身：柳三变的老爹、叔叔，还有他的大哥也在前几年金榜题名，柳家也因此一时风光无二。作为家族中排行最小而又才华出众的晚辈，柳三变自然受到长辈们的殷殷期盼：一定要给柳家挣一个状元头衔回来。

十岁时，柳三变从乡下转学到大都市，因为老爹调任到首都——汴京开封。柳三变从此在大都市里生活，也因此熟悉了城市里的风俗世情。

公元1012年，柳三变第一次参加科考，这年他二十五岁。

信心百倍地进了考场，胸有成竹地答完试卷，然而放榜之日，自我感觉良好的柳三变非但没有一举夺魁，而且完全是榜上无名！

这太搞笑了。

自己满腹才华，居然会名落孙山，太可笑了。愤慨之下，柳三变内心极度失衡，忍不住写了一首《鹤冲天·黄金榜上》：

黄金榜上，偶失龙头望。明代暂遗贤，如何向？未遂风云便，争不恣狂荡？何须论得丧。才子词人，自是白衣卿相。

烟花巷陌，依约丹青屏障。幸有意中人，堪寻访。且恁偎红倚翠，风流事，平生畅。青春都一饷。忍把浮名，换了浅斟低唱！

失意之情绪、抱怨之态度、愤懑之胸襟、高傲之姿势、放荡之情怀，全部包含在这首词里了。这位高才生高调标榜自己绝非池中之物，政府却遗漏人才，没能让自己一展抱负。作为才子，他完全称得上是庸中佼佼，堪称“白衣卿相”，无需任何人封赐。一切高官厚禄，不过是浮云而已，还不如我偎红倚翠，在美人堆里喝酒唱曲儿。

词是好词，豪言壮语，直抒胸怀，就是有点酸葡萄心理，牢骚味太重，差点能熏倒人。

然而，这不过是从初试失败中暂时解脱出来的一种自我解嘲而已。到了痛定思痛的时候，柳三变就没有也不会那么超然了，虽说对科举有满肚子的牢骚和不满，但他对中举出仕仍然抱有期望。这一点从不久之后他写的《如鱼水·帝里疏散》里的几句可以看出：

浮名利，拟拚休。是非莫挂心头。富贵岂由人，时会高志须酬。

对此次落榜，柳三变表示已经不再介怀，甚至故作豪迈之语。当然，很容易看出，这是假装出来的坚强，他在自我宽慰而已。不过对于年少气傲的柳三变而言，这也是他的性格使然，与其像其他落榜生那样自怨自艾，或许故作勇敢显得乐观些。

乐观的人才会看到光明的前途，也才会有勇气一路走下去。

三年之后，即公元1015年的春天，柳三变第二次参加科考。结果更让人寒心，他仍然名落孙山。更令他深受打击的是，金榜题名的人当中，探花郎范仲淹比自己还要小五岁。

连小辈都跑到自己的前面去了，柳三变能不寒心吗？然而更大的打击还在后面，当又熬过了三年，柳三变第三次参加科考时，命运再次跟他开了个天大的玩笑。

他再度落榜，而他的大哥柳三复却考中了一甲，名列前茅。

这下柳三变一阵头晕，站不稳了，扛不住了，差点跌倒。三兄弟中，他柳三变属于神童，属于佼佼者，败在陌生人手中没什么，却偏偏败在了各方面都逊色于自己的亲哥哥手下。面对一轮轮的打击，高傲的柳三变再怎么坚强，也难免失落，他穿梭于烟花巷陌，浪荡于青楼酒肆，笑傲风月场所，以此来安抚自己那份受伤的自尊。

这多少有点自暴自弃、破罐子破摔的味道。

但学而优则仕毕竟是古代学子的人生梦想，也或许是因为不甘，柳三变并未完全放弃科考。光明似箭，日月如梭，转眼又是三年，柳三变还是又一次参加了科考。这次，柳三变还算幸运，考过了分数线。主考官将录取名单上呈给宋仁宗，让最高领导最后定夺。当宋仁宗审阅时，目光一下子就在某处定住了：柳三变！

要说宋仁宗为什么会对柳三变印象深刻，还要从柳三变初试落第后写的那首《鹤冲天·黄金榜上》说起。

当时，这首落第词虽然满是牢骚，但因为柳三变的才名极高，他的这首词又极符合“草根精神”，一时被歌女们谱曲传唱，很快传遍京城，这首词也一下子成了传唱大街小巷的流行歌。

这首流行歌甚至传到中央办公厅去了，连国家最高领导宋仁宗都知道这首词了。

宋仁宗十分纳闷：这首词何人所写？

左右太监唯唯诺诺：前度落榜考生柳三变所作。

左右的太监这番回答，柳三变可就遭殃了。

宋仁宗极不高兴，尽管当时没怎么发飙，却暗自将柳三变的大名牢记于心，并在心里说：小子，咱走着瞧。

因此，当宋仁宗看到本届的中榜名单中有柳三变的名字时，登时勾起了前尘往事。

这不是当年那个狂傲的落榜考生吗？曾经抱怨政府，给朝廷抹黑，不是自诩“白衣卿相”，不要浮名么，还来考什么？于是，宋仁宗就在柳三变的试卷上，用朱笔写下血红的评语：且去填词！

那就填词去，好好做你的词人，何必要这个浮名！

这个简短评语，就相当于终身判决，无疑给柳三变的前程判了个死刑。

柳三变落榜了，而且意味着是终身的。不过，一得知自己这次落榜完全是因为中央领导在报私人恩怨，柳三变不是伤心落泪，而是愤愤不平，但心知木已成舟，他也只好接受这个现实。

于是，“奉旨填词”的宣传语就此诞生了。皇帝把考生耍了，考生却把皇帝给恶搞了一把，还给自己赢得了一顶风光的帽子。

这就是连续四次落榜的考生柳三变。

从此，他更加潦倒。看到没有翻身的机会，他只好将人生目标从科场转向情场，在烟花巷陌的社会底层寻求生活慰藉，并把自己的青春和才华奉献给广大的“草根阶层”，写词作曲，贩卖词稿，依红偎翠，插花买醉，生活潦倒却浪漫。

既然被皇帝扫地出门，美好前程就此断送，柳三变愤然离开了繁华的首都。这位风流才子临行时，与恋人话别，并写下一首情深深雨蒙蒙的赠送词——《雨霖铃》：

寒蝉凄切，对长亭晚，骤雨初歇。都门帐饮无绪，留恋处，兰舟催发。执手相看泪眼，竟无语凝噎。念去去、千里烟波，暮霭沉沉楚天阔。

多情自古伤离别，更那堪，冷落清秋节。今宵酒醒何处？杨柳岸、晓风残月。此去经年，应是良辰好景虚设。便纵有千种风情，更与何人说？

这是柳三变词中最为世人称道的抒情之作，将离情别绪写得婉转动人，渲染气氛绘声绘色，描述与恋人分别的情景更是让人肝肠寸断。因而，这首词与苏东坡那首《念奴娇·赤壁怀古》一时齐名，后者是豪放派的代表作，而柳三变的这首《雨霖铃》则被公认为婉约派的代表作。

而且还据说，后来这首《雨霖铃》还成为宋元时代最为流行的“十大金曲”

之一。

离开汴京后，柳三变乘一叶扁舟，南下至杭州、南京等地，四处漫游，排遣心中那份挥之不去的郁闷和惆怅。这年中秋，柳三变听说老朋友孙何被调任杭州做官，立马连夜写了一首词，呈送给那位长官朋友，作为见面礼。

这份见面礼正是那首大名鼎鼎的《望海潮》：

东南形胜，三吴都会，钱塘自古繁华。烟柳画桥，风帘翠幕，参差十万人家。云树绕堤沙，怒涛卷霜雪，天堑无涯。市列珠玑，户盈罗绮，竞豪奢。

重湖叠巘清嘉，有三秋桂子，十里荷花。羌管弄晴，菱歌泛夜，嬉嬉钓叟莲娃。千骑拥高牙，乘醉听萧鼓，吟赏烟霞。异日图将好景，归去凤池夸。

词中极尽夸赞之能事，动用丰富的辞藻，极力夸赞杭州的秀丽风光、繁华市景，展现出一派生气勃勃、欣欣向荣的人间天堂风貌。

其实，柳三变写这首词，无非是想从老朋友身上捞点生活费，毕竟对方做了大官，有的是资本，稿费自然不会太寒酸。

才子一出手，果然非同凡响，这首词立即在杭州城引起了轰动。

若干年后，当金国国主完颜亮读到这首词，尤其是读到“三秋桂子，十里荷花”这句时，更是羡慕得口水直流三千尺，心头痒痒，起了南侵之心。这虽然有些夸张，但是从侧面说明了柳三变的这首词魅力十足。

然而，命运始终是残酷的。柳三变这位高才生，自从被宋仁宗打压之后，就被“雪藏”了整整十七年。

也许是迫于自己家族的压力，为了给柳家再争个进士名分，柳三变再次走进考场。但是，他早已被教育部列入了“黑名单”，柳三变——这个名字是没有考试资格的，除非改名。

公元1038年，柳三变不得不“作弊”，改名为柳永，得以再次踏进考场。

这年，柳永终于考中了进士，而他已是五十一岁，两鬓风霜。

之后，柳永勉强担任一介县官，还被推荐做屯田郎，因而人称“柳屯田”。然而，身为放荡不羁的才子，在官场中自然会“水土不服”，没多久他就辞职了。

最终，柳永还是回归了自己原来的诗酒生活，因为那才是真正属于自己的天地。

才情横溢的柳永，并非浪得虚名，在体验底层的草根生活中，他所写的歌词深受百姓喜爱，进而广为传唱，以至于几乎只要有人的地方，没有人不会哼几句柳三变的歌词。

由此，当时流传这么一句俗语：“凡有井水饮处，皆能歌柳词。”

其实，柳永不仅歌词写得俊，而且在青楼的人缘也极好。他在青楼酒肆混迹这么多年，以至于烟花巷里长久流传这么一句话：“不愿穿绫罗，愿依柳七哥；不愿君王召，愿得柳七叫；不愿千黄金，愿中柳七心；不愿神仙见，愿识柳七面。”

可见，柳永在底层人民心中，几乎就是一个人见人爱、花见花开的偶像明星，或者相当于一位魅力四射的“草根英雄”。

据说，柳永晚年穷愁潦倒，死时一贫如洗，还是那些青楼歌妓筹钱，将他体面地安葬。而且，每年到了他的忌日，那些歌妓都会纷纷前来，到他坟前烧纸祭拜，当时称之为“吊柳七”。渐渐地，甚至其他普通百姓也加入到这个行列来祭拜他，从而形成集体“吊柳会”的民间习俗。

千古之下，一位曾经的落榜生能得到这样的待遇，可以死而无憾了。

陆游：无意苦争春，一任群芳妒

——被“官三代”挤对的状元

时代：南宋

落榜：1 次

职业：礼部郎中、宝章阁待制

成就：著名诗人、“南宋四大家”之一

这个世上，绝对公平是不存在的。

自古至今，比赛考场的设置，似乎就是为了显示人间的公平。不过，这种公平通常只是外表上的，如果有人在内部捣鬼，一切公平都会化为泡影。

那么，即使原本你是状元之才，也会名落孙山。这种说法并不是唬人，因为南宋时的科场就曾出现过这么一档子事。

不幸踩到这块狗屎上的，就是考生陆游。

谁都知道陆游是个才子，名副其实的高才生，但是很少有人知道这么一桩历史公案：陆游第一次参加科考时，分数最高，原本考了头一名状元，不料被

人用不光彩的手段取而代之了。

这个取而代之的人，是个谁都惹不起的官三代：秦埙。

秦埙是何许人？说出他的爷爷的名号，谁都倒吸一口凉气，那可是著名奸相秦桧。秦埙是他的亲孙子。

而陆游，不过是一个普通考生，一没背景，二没靠山，压根就敌不过姓秦的。

因此，陆游这个状元的头衔，就被眼睁睁抢走了。

陆游与近代的大文豪鲁迅是同乡，都是浙江绍兴人。他出生的第二年，金国人大举南下，攻破了首都洛阳，制造了史上著名的靖康之变——两位皇帝都被生俘到北方，这是对大宋朝的莫大耻辱，也是给汉人脸上抹黑。

皇室子孙赵构一路难逃到杭州，急如丧家之犬。

战火纷飞中，陆游全家开始大逃亡，他也因此从小就饱尝着背井离乡、颠沛流离的生活。看来，陆游的童年基本上跟幸福挂不上钩，而是跟悲惨沾亲带故。

直到公元1134年，也就是他九岁时回到家乡，这场逃亡生涯才画上句号，因为南宋朝廷建立了。作为领导人的赵构，与金人签订了一系列丧权辱国的不平等条约。南宋与金人划江而治，丢失了大片北方领土。

南宋政府守住的仅仅是江南的弹丸之地。江南人民勉强过上了和平的日子，朝廷的科举制度也终于恢复运转。

回到家乡的陆游，这才有了学习的机会。虽然开蒙的时间比较晚，不过陆游是个聪明的学生，据说在十二岁时，他就已经能作诗写文。只用了三年时间就能达到这样的水平，可见陆游绝对称得上是状元之才。

二十岁那年，陆游成亲了。他娶了自己的表妹唐婉，一对表兄妹成为夫妻，这在古代属于亲上加亲，其实更主要的是陆游确实爱自己的小表妹，小表妹也爱陆游。

这也许是陆游平生最为得意的日子，郎才女貌，天造地设。

就在同年，陆游义愤填膺地立下了“上马击狂胡，下马草军书”的远大志向。

这位书生希望有朝一日能亲临战场，杀敌报国，做岳飞第二。但这也仅仅是他的政治理想，而这个政治理想也成了他参加科举考试的动力。

然而，不幸的家庭事件很快就发生了。

确切地说，就在陆游参加科举考试之前，他遭遇了一场婚姻悲剧。事件的原因与大致过程是这样的：

陆游与表妹结婚后，两个人如胶似漆，整天黏在一起，在房中吟诗作画，以致陆游看书的时间很少，几乎荒废了学业。

这引起了老妈对儿子的担心和对儿媳妇的反感。

家里对陆游抱有很高的期盼，希望他能刻苦学习，届时一举高中，光耀门楣。本以为儿子婚后会收敛心志，专心读书，不想儿子沉迷于儿女私情，把科举完全抛在脑后。

老妈能不着急吗？

偏心的婆婆自然不愿指责自己的心头肉，便将矛头指向儿媳妇，认为这是儿媳妇的不是，不仅不督促老公上进，反而拖后腿，纠缠自己的儿子。唐婉本也是官家千金，从小任性娇纵，对婆婆的警告未免有些不放在心上。而且唐婉婚后三年未孕，也令婆婆对她不喜。

陆游家的婆媳之战开始了，从古至今，这似乎也是中国家庭里一个普遍现象。作为媳妇的唐婉不是对手，就在婚后第二年，唐婉被婆婆赶出家门。唐婉只好回到了娘家。

不过，陆游和唐婉私下还不时地幽会，藕断丝连。

其实这样分心，反而更会影响学习效率。老妈逐渐发现儿子隔三差五就跑出去，心中起疑。

很不幸，由于保密工作没做好，陆游和前妻幽会之事终于被老妈发现了。这下老妈更火大了，再度棒打鸳鸯，当机立断为儿子另娶了一门亲事，彻底断了两个人的念想。

古代的婚姻完全是父母做主，压根就轮不到陆游插手。

听说陆游又成了新郎，颜面无光的唐家也不甘示弱，很快就给女儿也找了一个门第显赫的婆家——赵家，准女婿名叫赵士程，也是当时比较有名气的才子，而且对方还是皇室贵族。唐家终于争了一口气，尽管唐婉并不怎么快乐。

从此，一对有情人咫尺天涯，这也成为陆游一生的伤痛，不可愈合。

尽管这种方式很是残忍，不过老妈的这一招还比较管用。在老妈的监督下，陆游从此不再将心思放在儿女私情上，而是用心读书。

期间，陆游还去茶山，拜江西派大诗人曾几为师。这样的学习生涯，一晃就是三年。有了名师指导，陆游的学业更是事半功倍，进步神速。

宋朝的贡士考试是三年一度。

陆游按时在家乡绍兴参加了这场会考，考试的内容正是诗词歌赋，陆游自然是轻松应对。更为庆幸的是，这次的主考官名叫陆阜，跟陆游是宗亲，而且非常赏识他的才华，因而这次会试，陆游一举高中，被推荐为魁首，也就是头等贡士，俗称“会元”。

第二年春，就是中央举行的进士科考试时间。状元的头衔似乎在向陆游招手。

公元1153年，陆游来到首都杭州。

对于这场考试，陆游是胸有成竹的。但是比较麻烦的是，这次参加考试的考生中，有一位考生身份极为特殊，他就是秦桧的孙子秦埙。

秦埙原本不需要参加考试就能当官，但是秦桧为了给秦家博得名声，希望孙子参加科举，并且以状元的头衔中第，这多么风光无限。

秦桧身为当朝宰相，地位显赫，炙手可热，没有人敢得罪他。加上秦桧事先还给教育部打过招呼：老夫的孙子今年也参加考试，你们看着办吧，千万不要让我不高兴。

这话着实很霸气，谁都听得懂言外之意。

再说，身为会元的陆游，文才出众，此时已是京城闻名。这次考试下来，陆游的文章果然超人一等，考官们大为激赏，都认为陆游乃状元之才。相比之下，秦埙的文笔忒烂，压根就进不了榜单。

但是，宰相早就发话了，主考官们不能不顾及。

其中分成两派，一派认为不能得罪宰相大人，还是按照他老人家的意思，把秦埙列为状元；另一派则稍微正直些，也很惜才，不愿放弃陆游。为此两派互相争辩。

争议的结果，双方都妥协了一下，还是决定将陆游定为状元，至于秦埙，则列为第二名，好歹是个榜眼，想来也不致于让秦宰相生气吧。

秦桧位高权重，每次的科举考试榜单名次都要先经过他的批准，然后才能呈报给中央最高领导赵构，最后才张榜公布。

于是，主考官们将这个排名榜呈送给秦桧。

秦桧不看则已，一看大发雷霆，自己的孙子竟然名列第二，太不给自己面子了，那伙考官竟然敢跟老夫讨价还价。

当下，秦桧就把主考官陈子茂给革职。

再一看榜首的状元，是个叫陆游的考生，秦桧很生气，立即把他的名字给抹了。然后他私自排名，将自己孙子定为头名状元，剩下的名额则任主考官随便处理。

张榜公布之后，秦埙第一名，陆游却名落孙山。

京城一片哗然。这种反差立即引起了普遍的社会舆论。谁都知道秦埙是秦桧的孙子，这个状元头衔绝对是有内幕的，而作为高才生的陆游却榜上无名，实在说不过去。

这场科举丑闻案轰动一时。

身为中央领导的赵构也觉得秦桧做得太明目张胆了，他终于坐不住，为了维护考试表面上的公平名誉，赶紧站出来，亲自主持了一场殿试。

殿试通常是最后一关，由中央领导亲自坐镇。

由于陆游在进士科中榜上无名，因而也就没有资格参加殿试。所以考试的结果是，宋高宗将另一位才子张孝祥定为状元，勉强将秦埙列为第二。这既是对这场科举丑闻案的补救，来平息对中央政府不利的舆论，同时也不致于让宰相太丢面子。

顶头上司既然这样裁决了，秦桧自然没话可说。不过这件事情之后，秦桧就把陆游的名字给记在心上，只要秦桧掌权，陆游基本没有希望出头。

这场科举丑闻案总算告一段落。幸运的是张孝祥，但是吃亏的却是陆游。这场考试中，他什么也没捞到，除了名落孙山。

落榜的陆游，多少也听说这次内幕，不禁感叹万分，他写下了这首《卜算子·咏梅》：

驿外断桥边，寂寞开无主。已是黄昏独自愁，更著风和雨。

无意苦争春，一任群芳妒。零落成泥碾作尘，只有香如故。

这是一首咏物言志的词，借用梅花，不仅表现自己此时的落寞，更是表现自己的大度：自己无意于争夺，就让那些小人嫉妒吧，再怎么遭受打击，毫不影响他内在的才华与心中的抱负。

当然，这仅仅是一番自我宽慰而已，没有人遭遇挫折会开心。

陆游失落地回到家乡，不知不觉来到会稽山下的沈园，一副怅然若失的模样。

所谓“冤家路窄”，就在这时，一个午夜梦回时出现过千百次的倩影闯入眼中。没有眼花，对面正是前妻兼表妹唐婉，正与新任老公赵士程踏青。

正应了那句话：失意人逢失意事。

婚姻悲剧，加上科场失意，这样的双重失意，压力的分量绝对够重。尴尬与愧疚一齐涌上陆游的心头。不过总归是旧情人，他还是硬着头皮上前打了个招呼。

赵士程知道两个人那档子旧事，也算大度，于是唐婉两口子就干脆邀请陆游，在沈园里设宴聚餐。陆游没有拒绝，三人一起小酌了几杯。

席间，赵士程自然是不无得意地与唐婉秀恩爱，一想到老婆是别人的老婆，状元是别人的状元，面对前妻的这个新家庭，科考失意的陆游更是心酸。事业、理想、爱情，这一切都跟他无缘。

毫无疑问，陆游遇到了自己的人生低谷，而且应该是最低点了。

唐婉夫妻俩离开后，剩下陆游一个人在沈园里寂寞徘徊，无比怅惘下，他在墙壁上题写了这首令人肝肠寸断的《钗头凤》：

红酥手，黄縢酒，满城春色宫墙柳。东风恶，欢情薄。一怀愁绪，几年离索。错，错，错！

春如旧，人空瘦，泪痕红浥鲛绡透。桃花落，闲池阁。山盟虽在，锦书难托。莫，莫，莫！

前尘往事，新仇旧恨，人生无奈，统统都写在了词中。春光依旧，昔日的伉俪情深却已成往事；曾经的海誓山盟还在，如今却连一封书信都不能寄给对方了，简直是咫尺天涯。字里行间流淌着的伤痛深入肺腑，催人泪下。如果用一个词来总结，就是：情深缘浅。

过了些日子，唐婉再游沈园时，竟发现了前任老公的这首词，一读之下，没想到陆游始终对自己念念不忘，一下子勾起了以往所有的悲伤。回到家的唐婉就得了深度抑郁症，茶饭不思。后来，她默默地和了一首《钗头凤》：

世情薄，人情恶，雨送黄昏花易落。晓风干，泪痕残。欲笺心事，独倚斜阑。难，难，难！

人成各，今非昨，病魂常似秋千索。角声寒，夜阑珊。怕人寻问，咽泪装欢。瞒，瞒，瞒！

世情险恶，人事已非，如今的她虽然衣食无忧，但是心中那份旧情依然让她纠结，抑郁症患者唐婉已经病得不像样子，枯瘦如柴，差不多跟秋千索一样。可想而知，这种病症已经非常严重了。

果然没过多久，唐婉就抑郁而死。

陆游听说后不由肝肠寸断，而这份深情从此也牵绊了他一生。这是后话，暂且不表。

再说，陆游自从落榜后，就一直待在家乡，他知道只要秦桧一日掌权，压根就没有自己出人头地的机会。

幸好，这段黑暗的时期不是很漫长。两年后，秦桧终于一命呜呼，中央机构显得天朗气清，清明了许多。

于是，陆游长吁一口气，这下终于有考试中第的机会了。

三年后的科场上，陆游顺利地通过了考试，金榜题名，进而成了一位国家公务员。

总之，陆游科考的艰难曲折，仅仅证明了一个真理：是金子总会闪闪发光，是人才总会出人头地，即使曾被暂时埋没、挤对过。

姜夔：小红低唱我吹箫

——终生布衣的大音乐家

时代：南宋

落榜：3次

职业：布衣、自由职业者

成就：著名音乐家、词曲作家

淮左名都，竹西佳处，解鞍少驻初程。过春风十里，尽荠麦青青。自胡马窥江去后，废池乔木，犹厌言兵。渐黄昏、清角吹寒，都在空城。

杜郎俊赏，算而今重到须惊。纵豆蔻词工，青楼梦好，难赋深情。二十四桥仍在，波心荡，冷月无声。念桥边红药，年年知为谁生？

——《扬州慢》

这是一首流传广泛的宋词，也是当时红遍大江南北的“流行曲”，与风流才子柳永那首《雨霖铃》同属于两宋“金曲”。

不过，也许没有多少人知道，这首词其实是一位曾经屡试不第的落榜生的成名作。

最终，这位落榜生放弃了科考，然后专注于自己的理想，一心填词作曲，最终成为民间一代大音乐家，天下闻名。

他是姜夔。

姜夔出生于一个破落官宦之家，他老爹姜噩是一位知识分子，考中过进士，当过湖北汉阳县县长，之后为了生计着想，他全家搬到江西鄱阳县，因为这是一个商业发达的地方。

然而，也许是不喜欢乡间私塾，姜夔从小几乎没上过私塾学校，而是跟随老爹学习诗词歌赋。于是，老爹就成了他的第一位文学老师。他老爹会写诗，也会作词，可能也通晓音乐；此外，他的老爹还交往了一些文人雅士。这些前辈叔叔不是词人，就是懂音乐。这些文学与音乐方面的熏陶无疑也在潜移默化地影响着姜夔。

然而，幸福的时光总是短暂的。姜夔两三岁时，他的亲娘不幸病逝。俗话说：祸不单行。等到姜夔长到十多岁时，他的老爹也去世了，留下他一个凄惨惨的孤儿。

幸好他还有个已婚的姐姐，从此姜夔就被姐姐家收养，过着寄人篱下的生活。这时，姜夔早已到了上学年龄，并且姐姐也挺关心他的教育，要为弟弟找个好老师。也许他的老姐人缘挺好，在亲友的多方介绍下，她给姜夔找到了一位诗坛大佬，让弟弟拜其为师。

这个老师，就是当时赫赫有名的萧德藻，自号“千岩老人”。

萧德藻与文坛名家、“南宋四大家”之一的杨万里是关系很好的诗友，两个人几乎齐名。此外，萧德藻与姜夔的老爹当年属于同榜进士，具有同科之谊。

由于有这层关系，姜夔顺利地拜在萧老师的门下。

从此，姜夔就跟从萧德藻专心学习诗词歌赋。

姜夔天资聪颖，加上勤奋好学，萧老师十分喜欢和赏识这个学生，曾当场夸奖自己的这个学生："老夫我学诗几十年，没想到等到今天，才得到这么一个小友！"

更让姜夔没想到的是，这种师生关系很快就转变成姻亲关系了。萧老师亲自做主，热情而又主动地提出，要将自己的侄女许配给姜夔。

姜夔受宠若惊。很快，他就幸运地成了萧老师的侄女婿了。

另外，在学习与交往方面，在恩师兼叔丈人的引荐下，姜夔又认识了杨万里、范成大等前辈大诗人，也受到了他们的指导。姜夔在诗词歌赋上的造诣更上一层楼。

但是，这些诗坛名流并没有给姜夔在科场上带来任何"幸运"。

尽管姜夔生性比较清高独立，但是处处寄人篱下的他，也希望能走上仕途，这样才能经济独立，进而才能保证人格完全独立。

于是，参加科举考试也就成了他的人生目标。

不幸的是，连续参加了两次科考，姜夔都名落孙山。不过，失望之下的姜夔并没绝望，因为他对做官一向看得很淡，考进士只不过是他选择的一条谋生途径而已。当然，姜夔也渐渐清楚，谋生的途径不仅仅只有科考这条独木桥。

他凭着自己的步伐，浪迹天涯，寻找自己人生的际遇。

公元1176年的寒冬，姜夔独自路过传说中繁花似锦的扬州城。不想等他来到时，扬州城与想象中的截然相反，呈现在他眼前的只是一幕幕残败荒凉的景象。

原来，扬州城曾遭到过北方金人的两次洗劫，这座繁华之城一下子变成破败瓦砾之地。而对此，南宋王朝连追究的胆量都没有，甚至还向人家称臣纳贡。这就是当时南宋朝廷的可耻政治外交风貌。姜夔可能也因此怀疑过自己考进士的必要性。

这种惨象让多愁善感的姜夔伤心不已，同时他也不禁感叹家国衰败，自伤身世，从而写出了那阕凄美异常的《扬州慢》。

其中“二十四桥仍在，波心荡、冷月无声。念桥边红药，年年知为谁生？”这样的词句，更是让人心中凄凉，也不知打动过后世多少读者。

之后，姜夔继续一路辗转，漫游各方，遇到了一位贵人，此人叫张鉴。

张鉴名气不是很大，但是身份不低，他是南宋大将张俊的孙子，得天独厚，享受着爷爷的福荫。姜夔的才华一下子吸引了张鉴，于是他邀请姜夔担任自己的顾问。顾问没多少实质性工作，本质上也就是一个吃闲饭的门客。

不过，姜夔与这位上司的关系向来不错，甚至到了时常互相开玩笑的地步。一次，这位上司娶了一个年轻的小老婆。姜夔就嬉皮笑脸地拿此开涮人家，随手写了一首小词，并故意选择《少年游》这个词牌名：

双螺未合，双蛾先敛，家在碧云西。别母情怀，随郎滋味，桃叶渡江时。

扁舟载了，匆匆归去，今夜泊前溪。杨柳津头，梨花墙外，心事两人知。

全词写得比较直白，只有末尾稍微隐晦些，无非是写两个人的勾搭之事，但是言外之意，就是取笑上司在老牛吃嫩草。

幸好张鉴这人脾气好，再加上两个人关系好，也就一笑了之，没有在意。

再说这位跟姜夔关系不错的上司，看到姜夔才高八斗，却始终没有一官半职，热心地想帮忙，打算自己花钱替他买个官职，也好让他的生活不至于那么拮据。这本是一条捷径，但是姜夔立马表示不行，拒绝了上司的好意。

姜夔决不愿走后门，这是一个清高者的迂腐之处，也是他可爱的地方。

当然，不愿走后门，不代表姜夔反对做官。其实他还是希望能以自己的才华而被择优录取，这个途径光明正大，正是姜夔向来所遵循的处世原则：宁向直中取，不向曲中求！

四十三岁那年，姜夔曾热心地向中央进献了自己的大作《大乐议》《琴瑟古今谈》，希望能借此获得官方音乐机构的破格录取。到了四十五岁，他又进献了自己的另一部音乐作品《圣宋铙歌鼓吹十二章》。

中央部门接受了，也认可了他的才华，但是没有直接给他官职，而是给了他直接进京参加进士考试的机会，甚至给予降低录取分数线的特殊照顾。

这是姜夔第三次参加科考。但是很不幸，这次姜夔考得更差，远远没够上分数线。这里也许有一个原因，就是姜夔偏科严重，才导致屡次名落孙山。

这也是他最后一次参加科考了。

姜夔从此不再希冀功名，而是潜心于填词作曲。他的才华也许只有在和朋友们开玩笑的时候才能显露出来。于是发生了这么一桩逸事。

姜夔有一个朋友叫张仲远，是个“妻管严”，他的老婆读过书，但是醋性很大，每次客人寄给张仲远的来信，她都要提前仔细检查一遍，查看老公有没有在外面厮混出轨。

姜夔知道后，便开了个玩笑，他填写了一首暧昧的词。几天之后，这首写在薛涛笺上的艳词就寄到了张仲远家里。

照例，他老婆先过目。打开一看，内容便是这首《眉妩》：

看垂杨连苑，杜若侵沙，愁损未归眼。信马青楼去，重帘下，娉婷人妙飞燕。翠尊共款。听艳歌、郎意先感。便携手、月地云阶里，爱良夜微暖。

无限风流疏散。有暗藏弓履，偷寄香翰。明日闻津鼓，湘江上，催人还解春缆。乱红万点，怅断魂、烟水遥远。又争似相携，乘一舸、镇长见。

词中，姜夔以妓女的口吻，虚构了张仲远与一位曼妙的青楼妓女缠绵悱恻的情景，还描写了他们互赠信物，临别时依依不舍，并表示两个人还会继续暗地约会的一系列场景。

这下不得了，老婆读了之后，顿时打翻了醋坛子，大发雷霆，施展“魔爪神功”将自己老公的脸抓得伤痕累累，以致他大半个月都不能出门见人了。姜夔也忒损了，开这么个玩笑，竟导致朋友险些毁容。

喜欢调侃别人的“艳遇”的姜夔也许没有想到，自己晚年时竟然撞到了一朵大大的“桃花”。

公元1191年，朋友范成大辞官退休了，回到自己的家乡苏州。范成大退休闲得慌，便写信给姜夔，邀请他来自己的石湖别墅做客，一起谈诗论文。

姜夔欣然前往。

没成想，姜夔来到范府没多久，竟然暗恋上范成大府上的一名叫小红的歌姬。当然，姜夔是个内敛的人，不好意思赤裸裸地当面表白。恰好，这年冬天，姜夔与范成大一起踏雪赏梅，姜夔便特意以梅花为主题，填词作曲，而且一连写了两首，一是《暗香》，一是《疏影》，全词内容如下：

暗香

旧时月色，算几番照我，梅边吹笛。唤起玉人，不管清寒与攀摘。何逊而今渐老，都忘却春风词笔。但怪得竹外疏花，香冷入瑶席。

江国，正寂寂。叹寄与路遥，夜雪初积。翠尊易泣，红萼无言耿相忆。长记曾携手处，千树压西湖寒碧。又片片、吹尽也，几时见得。

疏影

苔枝缀玉，有翠禽小小，枝上同宿。客里相逢，篱角黄昏，无言自倚修竹。昭君不惯胡沙远，但暗忆、江南江北。想佩环、月夜归来，化作此花幽独。

犹记深宫旧事，那人正睡里，飞近蛾绿。莫似春风，不管盈盈，早与安排金屋。还教一片随波去，又却怨、玉龙哀曲。等恁时、重觅幽香，已入小窗横幅。

范成大一读，先是大为赞赏，然后让家中歌姬照谱练习弹唱。这时，姜夔请求让那位穿红衣的歌女弹唱，这个歌女就是小红。

范成大表示同意。

姜夔擅长作词谱曲，小红歌而和之，实在是天作之合。此时，作为朋友的范成大也清楚了姜夔的心意，于是大方地表示：俺家小红送你了。并且秉着好事做到底的原则，范成大还专门为姜夔提供了一条船，让两个人一同乘船回家。

姜夔喜不自胜，与小红告别范成大，坐船回家。

当船头驶过垂虹桥时，正是黄昏时候，姜夔的兴致来了，没有弹琴，而是吹起袅袅洞箫，小红则坐在船头浅歌低唱，一唱一奏，真是琴瑟和鸣。

于是，姜夔不无得意地写下了这首绝句《过垂虹》：

自琢新词韵最娇，小红低唱我吹箫。

曲终过尽松陵路，回首烟波十四桥。

这份情趣，这份默契，这份雅致，羡煞天下多少多情的才子！

也许此时，这位音乐家早就忘了从前那些不堪的落榜往事。从前的落榜，其实并不算什么，也不值得就认为是遗憾、是自己的不如人，因为他用音乐成就，已经证明了自己的傲人才华。

王冕：只留清气满乾坤

——另辟蹊径的画坛大师

时代：元朝

落榜：2次

职业：布衣、自由职业者

成就：著名画家、诗人

元朝有一位骄傲的落榜生，最终成了画坛大师。这位落榜生就是王冕。

王冕这个名字，之所以至今家喻户晓，主要是因为他是古代画梅花的高手，以及他在逆境中那份无人能及的勤学上进。但不幸的是，他生在了蒙古贵族统治的元朝。

元朝，几乎是所有汉族书生的黑暗时代，这场漫长的噩梦，持续了将近一个世纪。尤其是对于汉族读书人，元朝制度更是相当过分和苛刻。

首先，在科举考试中，明文规定，只要是汉人，不论是否满分试卷，一律不得进入前三名，连个探花都没资格，更不用说是状元了。

此外，元朝还有个具体社会阶层划分，将各种不同行业身份的人划分为十等。从高到低依次分别是：一官、二吏、三僧、四道、五医、六工、七猎、八民、九儒、十丐。看看，古代的儒生就是读书人，处在什么样的地位，跟乞丐做邻居，竟还在普通平民之下！因为位于第九，所以当时读书人也就有了另一个外号——"臭老九"，多么窝囊！

这种悲摧的地位，无疑是汉族知识分子的莫大耻辱。

这也导致了这样一个普遍现象——元朝的戏剧很发达。理由很简单，汉族知识分子为了在民间谋求生存，于是选择跟广大底层人民打成一片，为他们创造娱乐节目——戏曲。由此，戏剧就成为元朝平民文化的一大亮点。

而在整个元朝官方科举考试中，汉族的考生纷纷失利，几乎可以用恒河沙数来比喻。

所以，王冕的落榜，只是汉族考生普遍情形的一个典型例子。

当然，王冕个性十足，有自己的十分另类的一面。他是个非常骄傲的人，被当时人视为特立独行的狂客，走到哪里，都会引人注目。

要了解王冕，得从他的身世讲起。

王冕的祖辈从前是地位显赫的高干，但是到了他老爹这辈，王家差不多已经沦为贫困的破落户，家中一贫如洗。因为穷，王冕从小就成了放牛娃，地主是隔壁的秦老。

不过，王冕这个放牛娃却跟其他孩子不同。许多孩子天生好玩，而王冕却天生好学。每次放牛时，他都要经过村里的一间私塾门口。很快，王冕就发现了一个免费听课的好机会，他每次把牛拴在长草的树下，然后自个儿跑到私塾窗外，边听边记。

这就是王冕的偷学记。

不过很快就出事了。一个人工作不专心，很容易出现工作失误。有时王冕听课回来，竟忘了牵牛；还有人投诉说，王冕的那头牛踩了他家的田。他老爹火了，逮住他就是一顿狠揍。

这天王冕听完课，已是傍晚了，再回头时牛不见了，可能绳子没栓牢。总之，牛弄丢了。

当天，王冕就遭到地主的一顿打骂，而且还受到老爹的惩罚。但王冕听课听上瘾了，还是一如既往地去私塾外面偷学。

老妈通情达理，便说："孩子这么执着学习，那就由着他吧。"

于是，王冕被母亲送到附近的一所寺院，在这里寄宿。每天夜晚，寺庙里都要给佛祖像前点燃长明灯。王冕便每晚偷偷爬到佛像上，坐在佛祖的膝盖上，在长明灯下如饥似渴地读书，一读就是通宵，一点也不知疲倦。

这种勤奋好学的精神，确实不是常人所具有的。王冕僧寺夜读的事迹四处传开，很快就是个不小的地方轰动性新闻。安阳有一位名叫韩性的儒学先生，他听说后，被王冕的好学精神感动得不行，并由此预见这是个将来大有出息的孩子，于是主动提出收他当关门弟子，而且附加一条：不收一分钱学费。

这正是贫家学子求之不得的。于是，王冕就成了大学者韩性的学生。韩性是个儒家学者，因此王冕跟他学的不是技术，而是做人的道理，后来韩老师去世，其他门人弟子也对王冕格外尊敬，就像对待掌门继承人那样。

足以见得，王冕是韩老师非常器重的学生。

在苦读诗书的同时，王冕还有一个私人爱好：画画。从放牛那会儿，他就开始照着荷花、青蛙这些东西，认认真真地描绘。开始读书后，他抽空也在自学绘画。

所以说，王冕画画纯粹是个人天才的体现，属于无师自通那种。

他后来之所以选择画梅花，是因为它象征了自己的遗世而独立的高洁人格。这可以从他写的那首题画诗——《墨梅》看出：

我家洗砚池头树，个个花开淡墨痕。
不要人夸好颜色，只留清气满乾坤。

本诗属于托物言志，将这位年轻画家的气质和人格表露无遗。他声明自己就像寒冬的梅花那样，不求光鲜的表面，只求保持那份清高孤傲的气节。由此，我们也可窥见王冕那种狂士的性格了。

不过这时，绘画只是业余爱好，尚未成为王冕的事业追求。王冕勤奋好学，加上在老师韩性的教导下，胸中还存着“为天地立心，为生民立命，为往圣继绝学，为万世开太平”的政治梦想，年轻气盛的他也想像吕尚、诸葛亮那样，做一番惊天动地的事业。

关于这点，有一个证据。年轻的王冕曾效仿《周礼》写了一卷书，并捧着书吟诵了这么几句诗：

小草铜驼恨，荒陵玉雁悲。
平生伊吕志，耕钓岂无为？

在诗中，王冕将自己比作铜驼与玉雁，感叹自己湮没在荒原草莽中，生平怀抱着姜子牙那样的经世报国之心，怎么能整天种田垂钓而无所作为呢？

这是王冕的心里话，也是他的志向，可以看出，王冕确实是一个有志青年。而要实现这个梦想，就得选择入仕这条道路。那么，必经之路就是参加科举考试。

不过，元朝政府搞科举考试很不专业，说开考就开考，说停考就停考，总是断断续续。如果这年落榜，完全不知道哪年再能参加考试，这样的科考简直成了不可预知的神秘事件。

某年，元朝政府张榜公布，声明要举行科举考试。听到消息后，二十多岁的王冕立马拜别了老师和家人，急匆匆地来到首都。这是王冕第一次来到大都市，也是第一次进考场。首都的蒙古贵族对汉族读书人的种种歧视和压迫，更是赤裸裸的明目张胆，这一下子就刺激了王冕素有的狂傲。

或许是情绪不稳定的缘故，这次考下来，王冕榜上无名。

王冕再次遭受到冰冷的刺激和冷酷的打击。

他一声不吭地收拾行李，回老家了。不过，王冕内心还是不服气，怎么汉族书生就不能考中呢？此时的他并没放弃科考，也许是因为年轻气盛，还放不下，也许仅仅是有些不甘而已。

他在等待下一轮考试。

谁知没多久，公元1335年，元朝中央换了个年号：至元元年。通常，为了新年新气象，以往的汉族政府都会添加恩科，谁知蒙古官方反倒取消了科举考试。王冕不免有些遗憾，不知道又要等到猴年马月，才能有中榜的机会。

没想到，这一等，竟然长达五年。

就在这五年内，王冕开始了他生平第一次长途旅行。他乘一叶小舟，先是来到杭州。这曾经是南宋朝的首都，如今已沦陷得不成样子。王冕来到杭州的孤山，凭吊了他一直仰慕的林和靖墓。

之后，王冕逛太湖，饱览苏州园林，登庐山，畅游洞庭湖，最后他来到汨罗江，又祭拜了另一位更久远的大诗人：屈原。这是中国第一位自杀的浪漫主义诗人，令人敬佩。

这场江南之旅，王冕几乎花了一年半的时间。这也算是对他落榜失意的慰藉，是对自己心灵创伤的一次自我治疗。

王冕的心态恢复过来了，回到家乡，他再次埋头读书复习。

公元1340年，元朝中央教育部恢复了科举考试，当然其中对汉人的歧视政策依旧没变。多年苦读的王冕似乎看到了一丝希望，于是跟几位同学一起进京赶考。

上次是怎么结果，这次考试同样如此。王冕再度落榜，但这次他不是失望，也更不是绝望，而是豁然开悟了。王冕不禁仰天长叹："即使小孩子也会为此感到羞愧呢，我堂堂七尺男儿，怎么能执迷不悟而沉溺于此？"

王冕回到家里，头一件事就是将从前所有复习的应试文章毫不留恋地通通扔进火炉，发誓从此再也不去参加科举考试，也不会当什么鸟官了。

•

在现实中碰壁之后，王冕体内特立独行的元素渐渐浮现了出来，他变得更敢于追求自己的与众不同的生活方式。

他先是雇了一条船，开始了随性的漫游生涯。

王冕南下东吴，渡长江，来到湖北、湖南一带，一个人肆意享受着江南名山大川的秀丽风光，这也是王冕从多年的埋头苦读中的一次身心大解放。在漫游途中，王冕也遇到了不少高僧、老道，他跟这些世外高人谈笑风生，甚至还结为方外友人。这次游历，也为他日后的绘画事业提供了丰富的素材。

漫游之后就是回归，王冕回到了家乡。

这时，王冕显得更加放荡不羁，行事也更加另类。除了在家吟诗作画，他出门时常奇装异服，一反当时的习俗和潮流：头上戴高帽，身披绿蓑衣，脚蹬木屐鞋，手提枣木剑，行走在乡下与城市之间，仰天长歌，旁若无人；有时他又骑在黄牛背上，手拿一卷《汉书》诵读，见过他的人都纷纷议论：这是个狂人，别靠近他！

耕田、读书、漫游、写诗、作画，这是王冕的日常行为，而他的诗画日益精进，名气也越来越大。

有个名叫李孝光的人，是王冕的一位老乡，他在朝廷当官，久闻王冕的大名，也知道他曾落榜，便打算推荐他做个府衙小吏。

不过王冕对此并不领情，他大骂那位热心老乡："我有田可种，有书可读，难道还愿意成天抱着厚沓的文件，伺候在政府办公室门口，让人家奴役吗？"

王冕毫不客气地拒绝了，口气还有点冲。

还有一次，王冕曾经的一位老师王艮，被朝廷调任为江浙检校。距离自己不远，按照习俗，王冕提着礼物去拜访王老师。王冕去的时候，就穿着平时那身满是破洞的衣衫，脚上是一双旧鞋。

进了老师家里，王老师一看自己的学生这般模样，不免心疼，立马为他接风洗尘，还送了一双新鞋，并且表示只要王冕愿意做官，他本人就可做保荐人。

王冕没说什么，只是笑了笑，放下鞋子，然后就离开了老师的家。

王冕照旧每天写诗作画，放浪形骸。渐渐地，他的名气大了，身价也就高了。

京城有位高官叫泰不华，曾在浙江长大。他听说家乡有位画家名叫王冕，便以乡党的名义，邀请他来京城做客。

听说是老乡，王冕礼貌起见，也就没推辞，去了首都燕京，得到了泰不华的款待。

泰不华很欣赏王冕的画作，要求给他画一百幅，王冕画了几幅，就被泰不华手下的粗夯小厮打扰，闹得不得安宁，于是干脆搁笔，不画了。

在首都逗留期间，他也看清了官场的黑暗和贵族们的生活腐朽，也预见了摇摇欲坠的大元帝国的崩塌。

泰不华推荐他在史馆任职，王冕一口回绝："你可真蠢啊，你难道看不出吗，不出十年，这个地方就会变成狐兔乱窜的瓦砾场，还做哪门子官？”

挥一挥衣袖，王冕毫不留恋地离开了。

他刚回到家乡，就高调宣称：天下将要大乱。当时还是乾坤朗朗的太平日子，就有人骂他不是疯了，就是狂妄。王冕毫不在乎：“我不狂妄，难道还有谁狂妄？”

于是，王冕带着自己全家，搬到九里山的水南村隐居。果然不到几年，各地农民揭竿而起，战争爆发了。

没想到，王冕还是个预言家。

隐居在九里山，王冕搭建了几间茅屋，周围种了上千株梅花，并题名为“梅花屋”。从此他专画梅花，并以卖画为生，写诗为乐，安度晚年。

据说，若干年后，朱元璋带兵打到这一带，听说王冕的大名，亲自登门拜访，邀请他担任参谋军师。这时的王冕早已淡泊名利，他对这位未来的皇帝说“不”，一如既往地清清白白做他的画家。

在这位画家的眼中：在高贵的艺术面前，也许任何政治行为都是可耻的。

明朝篇

唐寅：再挑灯火看文章

——科场“作弊”的江南才子

时代： 明朝

落榜： 1 次

职业： 书画商

成就： 著名书画家、诗人、“吴中四才子”之一

提到江南四大才子，几乎是家喻户晓，尤其是四大才子之首的那位，更是妇孺皆知。

他就是唐寅，字伯虎，世人通常称他为唐伯虎。

江南四大才子，民间版本的四位分别是唐伯虎、祝枝山、文徵明和周文宾。但最末一位名不见史册，查无此人，应该属于杜撰；而有根有据的四大才子，其实分别是唐伯虎、祝枝山、文徵明和徐祯卿，这四人又被称为“吴中四才子”。

他们四位都是苏州人，才华横溢，而又性情洒脱，因而被称为“江南四大才子”。前三位诗书画样样通晓，属于三栖类才子，只有徐祯卿专攻诗歌，而

且名列“前七子”之一，属于诗坛大腕级人物。

身为四大才子之首，唐伯虎名气最大，性格放浪，但他并非传说中的那般风流不羁，也未点过秋香。

真实的唐伯虎与秋香姐没有任何瓜葛。据考证，秋香乃是金陵名妓，并不是什么华府的丫鬟，而且秋香的年纪比唐伯虎要大二十岁，两个人之间的三笑姻缘不过是个美丽的传说，千万不要当真。

更何况，唐伯虎半生愁苦，两度厄运临头，身心如焚，哪里能风流潇洒起来。

第一件就是家庭变故，二十五岁前家人接连去世，仅剩他一人；第二件就是考场失意，由于不幸摊上科场作弊案，导致他不仅落榜，而且身陷囹圄，从而断送功名之途。

那么唐伯虎之科场作弊案，到底是怎么回事？这一切还得从头讲起。

唐伯虎出身商人家庭，这点与唐朝的李白相同，而且两个人都属于狂傲天才的类型。不同的是，明朝的科举制度与唐朝不同，唐朝限制经商家庭，不许商人家庭出身的学子参加科举考试；而明朝科举则不论家庭背景，一律都有资格，这是明朝相对文明和人性的一点。

作为商人之子，唐伯虎算是富二代，首先物质资源不缺。

更重要的是，唐家希望自己的儿子有出息，金榜题名，考个一官半职，为唐家光耀门楣。因而，父母从小就给唐伯虎聘请名师，教他读书，让他发奋学习。

唐伯虎是个聪明的学生，但是顽皮贪玩，幸好有严师的教诲、父母的督促，唐伯虎几年间就已经学业大进，不但熟读四书五经，而且博览史籍。

十六岁时，唐伯虎参加童试。童试过了分数线，就是正式的秀才，进而才有资格正式参加各级的科举考试。

成绩一出来，唐伯虎考中全市第一名。

这个消息一下子轰动整个苏州城，唐伯虎可谓少年得志。十九岁那年，在父母的操办下，唐伯虎娶了老婆，夫妻俩生活还算幸福。

但是没过几年，就在唐伯虎二十四岁的时候，唐家出大事了。

先是年底，老爹与自己的老婆先后病死，唐伯虎痛苦不堪；没想到第二年，他的老妈与妹妹又相继离开人世！

至亲的人一个个离他而去，家境逐渐衰落，唐伯虎被打击得一蹶不振，整日借酒消愁。

唐伯虎从此沉沦了，也没心思去考取功名，无意于当官。除了家人生命，一切在他眼中都是浮云，他看得很淡很淡。

幸而，在三年的守孝期间，他身边的一帮好友一直在鼓励他，帮助他重拾生活的勇气。守孝期满后，祝允明与文徵明都劝他应该复习，为下一届的科举考试做准备。

唐伯虎终于想通，他重新振作起来，用心读书，刻苦复习了一年。在复习期间，他经常读书到深夜也不肯休息，他写了一首《夜读》激励自己：

夜来欹枕细思量，独卧残灯漏夜长。

深虑鬓毛随世白，不知腰带几时黄。

人言死后还三跳，我要生前做一场。

名不显时心不朽，再挑灯火看文章。

这完全是真情实感的流露，没有一丝掩饰，诗中唐伯虎完全承认自己为了当官，为了富贵黄金，他并非不食人间烟火。尤其诗中最后两句表明，这位命运凄凉的才子，已经恢复了真实的生活态度，拥有了希望，才会有生活下去的动力。

公元 1498 年，唐伯虎去南京参加乡试，文徵明也一同参加。

考试结果张榜公布后，唐伯虎的大名赫然名列第一，高中解元，一下子就轰动了整个南京城。由此，唐伯虎所到之处，人们都称他为“唐解元”，唐伯虎不无得意地给自己专门刻了一枚印章，上面印着“南京解元”四个字。

看来，唐伯虎的确不是个谦虚低调的人。

第二年，唐伯虎顶着“江南第一风流才子”与“南京解元”的风光头衔，满怀信心地进京参加会试。

这次会试，注定成为唐伯虎一生的转折，而且还跟一个关键人物不无瓜葛，此人叫徐经。徐经是一位富家子弟，名气不大，但他的曾孙却是名扬四海的旅行家——徐霞客。没错，徐经正是未来的旅行家徐霞客的高祖父。

去京城时，唐伯虎与徐经两个人相约结伴乘船同行。到北京后，两个人又是住在同一家酒店，排场豪华，出入高车大马，还有六七个仆人伺候。这样的气派，立马引起首都人民以及其他平民考生的侧目，纷纷感叹富家公子就是不一样，不就是应举考试嘛，还搞那么气派，嚣张什么！

这年会试的主考官是程敏政与李东阳。这两位主考官从小便是神童，成人后都是大才子，尤其是李东阳更是“茶陵诗派”的领军人物。总之，这两位主考官非同小可，但事情就出在这里。

两位主考官曾经都是神童，思维自然跟一般人不同，因此这场考试出的题目极为冷僻，许多在场的考生看了题目，一个个傻了眼，冷汗直流，有的只答了半篇，有的干脆交了白卷。总之，考试结束之后，没几个考生敢自信能及格。

但是，就有两张试卷出类拔萃，不仅题目贴切，而且文辞优美。主考官程敏政读了之后，大为赞赏，高兴之余情不自禁地脱口而出："这两张试卷，肯定是唐寅和徐经的！"

由于当时的试卷采取的是糊名制，考生姓名被密封着，是看不到的。主考官能这样断定，自然难免让人生疑。

而且还有一个问题，程敏政怎么会熟悉唐伯虎与徐经这两个人的名字？这更加值得怀疑。

这其实要从唐伯虎考中南京解元说起。当时南京的主考官叫梁储，当他读到唐伯虎的文章时，拍案叫绝，大为激赏："这简直是天降奇才，不被录取个解元就太冤了！"

因此，唐伯虎名列第一。

这还没完，梁储惜才如命，把唐伯虎亲自引荐给来年会试的主考官程敏政，由此程敏政认识了唐伯虎，而唐伯虎也成了他的门生。至于徐经与主考官程敏政的关系，似乎也很简单。徐经刚来到首都后，就打听了主考官的住处，亲自登门拜访，自然没少了见面礼。

就这样，主考官就对唐伯虎与徐经这两位考生有了较深的印象。

不想程敏政的这句话碰巧被在场的一位考生听到，而且很快就传了出来。三场考试下来，事情就闹大了。其他许多考生纷纷传言：江阴富家公子徐经花重金贿赂主考官，考前便得到了试题，因而提前做好了文章；而唐伯虎又与徐经在一起，所以也提前知道了试题。由此推断出，主考官为什么不假思索就能说出前番那句话，完全合情合理。

于是，唐解元与徐经被控告为"作弊生"，而主考官程敏政就成了泄题的"受贿官"，泄题作弊案一下子就被报到中央最高领导——明孝宗那里。

明孝宗下令重新阅卷，先将那两位作弊生打入监狱，取消程敏政的阅卷资格，然后让李东阳与其他阅卷官进行复核。谁知，复核后的结果是，这两个人的文笔平平，并不特别出众，没有资格被录取。

可见，前主考官所说的那两份试卷不是唐、徐二人的。

那么，事情很明了，主考官泄题一说不成立，纯属子虚乌有。程敏政当时猜错了，纯属误会。

但是，明孝宗这时已厌烦了，便把这件案子交给锦衣卫去查办。谁都知道，锦衣卫办案向来不择手段，擅长严刑逼供，世人往往闻之色变。

富家公子徐经一听锦衣卫来插手，吓得两腿打颤，赶紧承认自己的确曾贿赂过主考官程敏政，然后买了一份试题。然而，再审拷问时，徐经又反悔了，坦承自己上次是因为害怕而撒谎。

这场折腾之后，主考官程敏政被罢免官职，而作为舆论指责的对象和受害考生，唐伯虎与徐经则双双被取消考试资格，发配到县衙充当小吏——即最低等的差役。

唐伯虎身为江南四大才子之首，向来是何等的高傲，对他而言，这又是何等的耻辱！唐伯虎自然不肯折腰，最终他坚决没去。

经此一事，唐伯虎对官场心灰意冷，不再参加科考。他回到家乡苏州，花低价买了一座废园，然后修葺了一番，取名为“桃花坞”。

从此，唐伯虎以诗酒度日，以卖画为生，并在自己的画室里题写了这样一首绝句：

不炼金丹不坐禅，不为商贾不耕田。

闲来写幅青山卖，不使人间造孽钱。

这四句诗也成了唐伯虎晚年的座右铭，作为他清高自傲的做人原则。从此，他也更加放荡不羁，将生命耗费在艺术生涯中。例如他的代表作《桃花庵歌》：

桃花坞里桃花庵，桃花庵下桃花仙。桃花仙人种桃树，又摘桃花卖酒钱。
酒醒只在花前坐，酒醉还来花下眠。半醒半醉日复日，花落花开年复年。
但愿老死花酒间，不愿鞠躬车马前。车尘马足富者趣，酒盏花枝贫者缘。
若将富贵比贫贱，一在平地一在天。若将贫贱比车马，他得驱驰我得闲。
别人笑我忒疯癫，我笑他人看不穿。不见五陵豪杰墓，无花无酒锄作田。

这首乐府诗也成了唐伯虎流传最广的代表作，同时也展现了一位极端傲岸、愤世嫉俗的浪漫主义者的风骨。

其实，江南四大才子中，前三位才子都曾是落榜生：唐伯虎因为意外事件，而另两位更为悲惨，文徵明一直考到了五十三岁都没考中，祝枝山则连续七次落榜。但他们最终却都以大才子的身份而流芳百世。

谁说高才生就不能落榜？而落榜，其实也并不妨碍才子流芳百世，只要他们都能善于发挥自己的天赋。

徐渭：一个南腔北调人

——天才神童也会名落孙山

时代：明代

落榜：8 次

职业：幕僚、书画商

成就：著名书画家、文学家、军事家

这是一个天才，自小是神童，长大后多才多艺，在诗文、戏剧、书画等各方面都独树一帜，更是与解缙、杨慎并称“明代三才子”。

他是徐渭，人称徐文长。

但他，首先是一名天才型画家。

徐渭曾自我评价说：“吾书第一，诗二，文三，画四。”也许，他是在开玩笑而已，其实他的画才是第一。这点自己说了不算，倒是别人说了才算，尤其是权威人士。

清代“扬州八怪”的重要代表人物郑板桥，此人诗、书、画均旷世独立，

世称“三绝”，他对徐渭佩服得五体投地，曾毫不避讳地宣称自己甘愿做其“门下走狗”。

可见，徐渭是一位颇受人追捧的天才。

如果非要拿他与西方的某个画家相比，徐渭更像荷兰表现派画家梵高：同样的天才，同样的性情，几乎同样的怀才不遇，同样的命途多舛。

既然是神童，名气自然很早就传遍天下，让众多平庸孩子的家长不禁羡慕嫉妒恨。但是天才要过考试这一关，也少不得与平凡人一样迈步，走那条独木桥。

可惜的是，这个天才型的考生困顿考场，频频落榜。

徐渭，字文长，是浙江绍兴人。又是一个绍兴才子。绍兴似乎是才子的高产地：晋代的嵇康、王羲之是绍兴人，宋代的陆游是绍兴人，元代的王冕是绍兴人，近代的鲁迅、蔡元培、朱自清、俞平伯个个都是绍兴人。这些数一数二的名人才子都产自绍兴这块风水宝地。

顺带先说一下徐渭的奇特性格。

徐渭出身很好，既是一个富家公子，又是干部子弟。但不幸的是，在他出生百日后，老爹就撒手人寰。由于古代婚姻是三妻四妾制度，以嫡妻为尊，这个大家庭自然由徐渭的嫡母苗氏掌管。

徐渭天资聪颖过人，因而受到嫡母苗氏的疼爱，把他当亲骨肉般抚养，希望他日后能为徐家光耀门楣。

据说，徐渭六岁时就能流利地朗诵文章，八岁时就能五步作诗，才思敏捷；九岁时就能写出长篇作文；十多岁时，他曾模仿扬雄的《解嘲》做了一篇议论性文章《释毁》，文笔老练，思维过人，轰动了全城。第二天山阴县县长就举办了一次表彰大会，亲自出席，特意表扬这位小神童。当地的那些颇有名望的缙绅们也都纷纷夸赞他为百年难遇的神童。

可见，徐渭从小就万人瞩目，也被视为山阴县的“未来之星”。另外，还有两个他小时候的故事，也能凸显他的聪明才智。

徐渭在上私塾时，老师看他聪明伶俐，便想考考他，让他拿着两只水桶去打水，期间要经过独木桥。

徐渭当时还小，气力不足，恐怕连一只水桶都提不起，更不用说两只水桶，居然还要求过独木桥，这不是难上加难吗？

但是，这没难倒徐渭。一个时辰后，老师看见徐渭高高兴兴地抬着水回来，大吃一惊，忙问怎么办到的。他回答说：“我把水桶放在水里，就这样漂着回来啦！”这个方法与三国时的“曹冲称象”有一拼。徐渭的聪颖，令老师大加赞赏。

还有一次在酒宴上，徐渭被大人带去，主人早就听说徐渭的神童之名，便有意要为难一下他，看他到底是否那么“神”。于是，主人随便指着席上一件小东西，让他即席作赋，暗中却让仆人捧来一丈长的纸卷来。

岂料，徐渭不假思索，提笔就写，而且文不加点，一口气就写满了这张大幅纸卷。在场的人全都惊得目瞪口呆，纷纷竖起大拇指：果然不愧是小天才！

但是，命运并没有厚待这个天才。在徐渭十岁那年，他的生母由于某次犯错，竟被逐出了徐家。十四岁时，嫡母苗氏病死，徐家又少了一个疼爱他的人。从此，徐渭由他的同父异母的大哥徐淮来抚养。

幼年夺母，这无疑给徐渭造成很深的童年创伤，而少年时寄人篱下，生活自然也不那么自在。一个机警敏感的人，在如此坎坷的境遇中长成，自然容易形成偏激和执拗的性格，甚至还有一些神经质。

由于家庭多次变故，长到二十岁时，徐渭才有机会去参加童试。童试通常要通过县试、府试和院试三场，对于神童徐渭而言，自然是易如反掌。

这年他不费吹灰之力，果然轻松过关，正式荣升为秀才。

俗话说“物以类聚，人以群分”，徐渭刚成为秀才，当地的姚海樵、沈炼等九位高才生纷纷愿意跟他结交，形成地方性文学集团，因而并称为“越中十子”。越中是绍兴的古称，因此当时这么称呼。

十位才子当中，尤其是沈炼，对徐渭极为佩服，曾当面这样夸赞他：“关起城门，只有你一个。”言下之意就是，遍数整个山阴城，徐渭当为翘楚，如果你称第二，就没人敢称第一。

然而，天才的命运并不怎么好。自从他被大哥徐淮抚养，这会儿又出现了一场家庭变故。大哥由于热衷于炼丹，家境日益败落，某次不小心吞了丹药中毒，一命呜呼；二哥则在一次赶考途中得了痢疾，死于贵州。

顿时，整个徐家轰然倒塌，徐渭成了破落户。幸好他的名气还在，因而他被姓潘的一家大户看中，成了潘家的上门女婿。

所谓成家立业，成了家，徐渭就要考虑功名，参加科举考试了。

婚后第二年，徐渭参加乡试。乡试只是科举阶梯的最底层、第一关，上面还有会试和殿试两关。

一般而言，乡试并不是很难。尤其在自幼以才名著称乡里的徐渭看来，这更应像探囊取物一样。谁知，这次考试下来，徐渭竟然榜上无名。这样的结果太意外了，简直是徐渭平生第一次的耻辱。整个山阴县都在为徐渭惋惜，甚至还愤愤不平。

当然，区区一次打击和受辱，并没有令徐渭气馁和退缩。

三年后，他再度参加乡试。不料，这次仍然名落孙山。徐渭差点都没脸回丈人家了，潘家原以为招了个乘龙快婿，没料到在乡试中，自己的女婿就连连败北。

潘家原本就是冲着徐渭的神童名气来的，希望他日后考个状元郎，能给潘家增光添彩。谁知到头来如意算盘落了空。

不用说，潘家对这位上门女婿开始翻白眼了：什么神童，什么天才，狗屁！乡试都落榜，连个举人都考不上，真是笑话！

徐渭入赘的日子，很不好过。

俗话说："屋露偏逢连夜雨，船迟又遇打头风。"徐渭这边正受窝囊气呢，谁知，刚新婚没几年的老婆潘氏卧病不起，竟然香消玉殒。这年，徐渭刚二十六岁，就成了鳏夫。

老婆都不在了，徐渭这个上门女婿就徒剩虚名了，很快他就被老丈人赶出潘家大门。

由此，徐渭流落无依。不得已之下，他做了一名教书匠，但也仅能勉强糊口。由一名人人羡慕的神童天才，沦落为人人嘲笑的落魄教书匠，徐渭的心中自然很是不甘。

每当乡试开考，徐渭必定参加，"一朝荣登龙虎榜，十年身到凤凰池"，这是古代莘莘学子梦寐以求的理想。徐渭始终没有放弃，他向往着衣锦还乡的日子。

可惜，命运似乎与他处处为敌，四年间连续考了两次，徐渭次次落榜而归。

途中，他路过坞土山，而这天刚好是重阳节。古人有重阳节登高的习俗，徐渭便上山，顺便拜访了一位老和尚，倾诉自己的生平遭遇。直到傍晚，他才下山，临别之际，他赠给老和尚一首落榜诗——《下第回值九日登坞土山访北庵上人》：

归家忽已逢重九，聊向高山试一登。

舌在何为更问妇，荤除元不是求僧。

秋云隔水流数片，落叶依岩积几层。

话了出门月初上，岸芦汀菊也相应。

看来，徐渭上山拜访高僧，并不是求签问卦，倒有点像是“因过竹院逢僧话，偷得浮生半日闲”。在那位高僧的点化下，徐渭落榜后的郁闷和失意，也释放了不少。

公元1552年，徐渭第五次参加乡试。初试时，他考取第一，被录取为廪生。徐渭有点兴奋，似乎自己就要时来运转、否极泰来了。谁知仅仅高兴了半截，在复试时，他却再次名落孙山。

三年后，徐渭再考。这次初试他获得第二，然而不幸的是，复试后他还是落榜。这年，他已经三十五岁，早过了而立之年，快奔四的人了。

后来，他抱着希望又考了两次，没想到都比前两次更惨，甚至他连初试都没通过，徐渭差点要疯了。也许徐渭在怀疑，难道命运在玩弄自己，拿他这个天才寻开心？

到了第八次乡试前，徐渭遇到了一位贵人：浙江总督胡宗宪。这可是个大人物，最重要的是，这位大人物非常赏识徐渭的才华。

两个人高谈阔论一番，徐渭对阵势、地形等军事战略问题发表过一通自己的独到见解，并诚恳地献上一篇《进白鹿表》。老胡读了后，大加赞赏，认定他是不可多得的多面人才，堪称再世诸葛孔明。

当得知徐渭曾屡次落榜，胡宗宪专门向有关部门打了招呼，希望给他一些特殊照顾，这也算是对徐渭的伸手之援。

然而，似乎胡总督的面子不够大，人家教育部和人事部都没怎么理睬，把老胡的招呼当作耳边风。结果，徐渭依旧名落孙山。

胡宗宪有些过意不去，同时也是惜才，立马就寄去一封聘请书，希望徐渭担任自己的参谋，同样可以建功立业。

能遇到赏识自己的贵人，徐渭二话没说，立即打马前去，成了胡总督的师爷，这也许是他人生最为得意的一次机会。

从此，他在军营里为老胡出谋划策，打击海上倭寇，功绩突出。

还有一次，胡宗宪在杭州沿海一带加强军事防御，重建了一座镇海楼。揭牌仪式当天，徐渭现场写了一篇《镇海楼记》，完全可跟当年范仲淹的《岳阳楼记》相媲美。

领导一高兴，立马赏赐他纹银二百二十两，这在当时可绝不是一笔小数目。于是，就在当年，徐渭乐滋滋地拿着钱在绍兴老家买了一栋别墅。用一篇不到千字的文章换一栋别墅，绝对值。但也从一个侧面说明，胡宗宪的确对徐渭很照顾，徐渭也的确是一代奇才。

晚年，这位天才退居家乡，以卖书画谋生。徐渭开中国画“泼墨大写意”之风，创建“青藤画派”。他的泼墨画风，影响后世几百年，八大山人、郑板桥、齐白石老人都对他敬仰有加。倘若徐渭泉下有知，肯定不无欣慰。

此外，尽管徐渭身为落榜生，终生没有多少地位，但是，他却与明代另外两位堂堂翰林大学士齐名，一个是鼎鼎大名的状元杨慎，一个是内阁首辅解学士解缙，三人并称为“明代三大才子”。不知道这是幸运，还是一种讽刺。

徐霞客：读万卷书，行万里路

——不爱当官爱科学

时代：明朝

落榜：1次

职业：布衣、自由职业者

成就：旅行家、地理学家、文学家

早在明代，中国就出现了一位“超级旅行家”，将自己的脚印留在了全国各地。九岭五岳、名山大川，甚至是人迹罕至的荒山野岭，他都没有错过。而且他一路行走，一路记录，最终还留下了一本流传千古的“私人旅行日记”。

他就是徐霞客，那本私人旅行日记名叫《徐霞客游记》。

当然，这位超级旅行家之所以选择将人生“潇洒走一回”，这跟他早年的落榜经历不无关系。也就是说，徐霞客是从一名落榜生蜕变成一名伟大的探险家的。

要成为一名探险家，必须有雄厚的个人资本来支撑。

徐霞客出生在一个有名的富庶之家，家里不差钱。当然，如果不是出身优裕，他可能不会选择这条路。谁都知道，探险和旅行，在当时基本上属于不赚钱的行当。

因而，徐霞客的良好家境为他提供了无比坚强的后盾。

当然还有第二点，使得徐霞客不像其他学子那么热衷于功名，而是酷爱冒险运动。徐家对功名的淡漠，或许与其祖上不无关系。

他的高祖徐经，就是前文提到的，当年曾与唐伯虎一起参加科考的那位考生。由于那场莫名其妙的“科场舞弊案”，徐经被取消了考试资格，发配为县衙小吏。

这场案件对徐家而言无疑是一次重大的精神打击，以至于到了徐霞客的老爹徐有勉，他已经对做官有些反感，甚至厌恶跟权势打交道。据说有人曾怂恿徐有勉花钱买个县官当当，他一听就生气了，一甩袖子，扬长而去。

这位老爹，喜欢到处游览，欣赏山水景观，过着优哉游哉的闲暇生活。徐有勉最喜欢做的事，就是带着几个家仆，要么乘一叶扁舟，要么乘坐轿子，往来穿梭于苏杭的山水之间，欣赏湖光山色，煮水品茗，悠然自得。

徐霞客似乎继承了老爹的这种淡泊名利的基因。

俗话说“知子莫如父”，老爹徐有勉很早就发现自己儿子的脾性。因而，老徐就曾对朋友夸赞说：“我的那个二儿子霞客啊，眉宇间有烟霞之气，这个娃平时读书好客，看来是随了我的脾性，可以继承我这个当爹的志趣，我也并不希望他为富贵而浪费自己的一生。”

正如另外一句谚语所说，“有其父必有其子”，看来此言不虚。

他老爹说得没错，徐霞客正是这样。他从小就和一般孩子不同，加上家庭思想观念的熏陶，对科考和仕途并不怎么上心，他喜欢发现新东西。

要成为一个探险家，必须有一个前提：对世界抱有不可救药的好奇心。

徐霞客的双眼充满好奇。当许多孩子都在埋头苦读四书五经、死记诗词歌赋的时候，他却从小就喜欢读地理、探险和游记类的作品，这在很大程度上影响了他未来的人生理想。

当然，如果不是考试落榜，徐霞客也可能不会那么干脆地放弃。可以说，落榜成为他实现自己理想的一个契机。

万历二十九年（公元1601年），徐霞客第一次参加当地的童试。这年他十五岁。

童试也叫童生试，属于初级选拔入学考试，一般要考三场：县试、府试和院试。虽然参加考试的都是童生，但没有年龄限制，任何年龄段的都可以参加，所以许多落榜考生，考了几十年，胡子一大把，也被称为童生。

童试考中了，就成了生员，摆脱了童生的身份，也就是俗称的“秀才”。

童试一旦过关了，所有考生就有资格被人尊称为“某某秀才”。其实，秀才还划分为三等：廪生、增生、附生。考中秀才第一名的叫“案首”，跟考进士中了“魁首”一个意思，只是级别低而已。成绩在前二十名的则叫廪生，由政府补助生活费；后面两个则稍逊，名字也不好听，就像是附加的名额。

不过，无论等级如何，所有的秀才都享有一些特权。比如，秀才见了县长大人，不用卑躬屈膝地下跪；秀才不用交税服役；秀才犯法，吃了官司被拷问时，不得施加任何刑罚。

其实，每位秀才都是“潜力股”，都有可能是未来的国家栋梁，所以，国家政策才这般格外给予特殊照顾。

然而，从一开始，徐霞客似乎就注定跟功名无缘。三场童试下来，徐霞客名落孙山，连个秀才都没考中。

徐霞客没有像其他落榜生那样痛哭流涕，伤心自责。相反，他感到了一种解脱。

落榜回到家，徐霞客尽管没找到高兴的理由，但是他也没受到老爹的任何抱怨，更不要说惩罚了。徐霞客看到的是慈父一如往常的脸色，而且还得到一番舒坦的安慰话：考试落榜嘛，不过是芝麻大点的小事，不要在意。做人关键要开心，做自己喜欢的事就行，其他不过是浮云而已。我看，以后你就不要再考了，自己喜欢做什么就做什么，老爹绝不阻拦。

看，多么开明的老子，徐霞客激动得差点要跪下了。

老爹的这番鼓励和劝慰，令落榜的徐霞客越发坚定了自己的理想。

当然，现在这个年纪，即使不是为了考试做大官，也得好好学习。徐家祖上有一所私人图书馆——徐氏万卷楼。顾名思义，徐家的图书馆藏有上万卷图书，内容丰富，完全可以在家里自学，不用进私塾，上学堂。

一座万卷楼，这无疑是徐家的巨大财富，而且是精神财富，这在当时是极为珍贵的。于是老爹就让儿子在自家的图书馆里好好学习，博览群书。

徐霞客从此真正地放弃了四书五经、诗词歌赋，专心阅读自己需要的书籍，汲取自己需要的精神营养。

徐霞客读书非常认真，只要是他读过的内容，别人提问，他几乎能倒背如流。后来，家里的藏书渐渐不能满足他的需要了，他就到处搜集没见过的书籍。只要看到好书，即使身上没带钱，徐霞客也会当即脱下身上的华丽绸衣去换书。

万历三十三年（公元 1605 年），徐霞客十九岁时，不幸的事发生了。老爹一朝撒手人寰。按照古代礼法，作为儿子，徐霞客需要守孝三年。

当然，一边守孝，他也不会忘了读书。所以，在二十二岁之前，徐霞客的生涯基本可以归纳为：读万卷书。

那么接着，他决定要“行万里路”了。

徐霞客不仅有个深明大义的老爹，还有个通情达理的老妈。守完孝后，他的老妈也清楚儿子的理想，知道他一直很想去看看外面的世界，只不过他是个孝子，不忍离开自己年迈的母亲。

于是，这位心胸豁达、通情达理的老妈就对儿子说了这么一番话：“男子汉大丈夫，应该志在四方。你出外游历一番吧，去天地之间开拓胸怀、增广学问。岂能由于为娘的，而让你像篱内小鸡、车辕小马，留在家中虚度光阴、无所作为呢？”

万历三十六年（公元1608年），二十二岁的徐霞客终于正式出游。第一次出游，徐霞客没有将目标选得太远，他选择了省内活动，将目的地定为太湖。

临行前，老妈再次展现了无私的母爱：临行密密缝，意恐迟迟归。她为儿子整理行装，而且还特意缝制了一顶遮风挡雨的帽子，称为“远行冠”。

徐霞客背上行囊，只身一人出发了，目标是——太湖。

就像云游四海的行脚僧那样，徐霞客游历了一大圈，考察了那里的风土人情。不过他没有白跑，一边怀着满腔的新奇行走，一边将行走的路线画下来，而且更为重要的是，不论多么疲劳，他每个傍晚都坚持写下一篇当天的纪行日记。

从出发的第一天起，徐霞客就养成了记日记的习惯。所走的路线、怪异的地貌、奇特的动植物，这一切都让徐霞客激动，也格外感动，他感到作为一位旅行家的幸福，尽管他没有摄影机，但他有一支笔和一个笔记本。

走遍太湖，第一趟旅行结束，徐霞客打道回府。一来向老妈报喜，不希望她过度担忧；二来，他要回家重新整理自己的日记。

每次旅行探险回来，母亲都会十分高兴地迎接儿子。甚至有一次，徐霞客回家时已是半夜，老妈听到儿子回来的敲门声，竟然兴奋得顾不上点灯，随便拿件衣服披在身上，胡乱束了一下，就匆匆忙忙跑出来给儿子开门。

每次，徐霞客都会将这趟经历先给老妈讲述一番，老妈每次津津有味地聆听，并鼓励儿子再接再厉，将这些重新整理成笔记。

徐霞客在母亲的鼓励和建议下这样做了。

此后，徐霞客将自己的终生都献给了祖国的大好河山。不蔽风雨，不畏虎豹，风餐露宿。干粮吃完了，就摘野果填肚，渴了就喝山泉。总之，在此后的三十多年中，徐霞客几乎游历了全国十六个省，翻越的大大小小的山川不下百座。

据说，当来到温州时，徐霞客记得古书上说雁荡山顶有一座巨大的天池。于是他拼命攀登雁荡山，想要爬上山顶，亲眼看看古书说得是否属实。

费尽九牛二虎之力，冒着掉落悬崖的危险，徐霞客终于爬上了山顶，但是没发现天池。他没有太扫兴，因为他可以明确地将这个发现记在日记里。

另有一次，他跑到风景秀丽的黄山上考察。不过，他去得很不是时候，正是隆冬季节，他刚进了深山，天降大雪。当地的百姓警告他，不要再走了，有些地方的深雪有可能会将人埋掉。徐霞客一根筋似的，居然继续往前冲。

结果，他在深山中被大雪围困了好几个月。山上的一些和尚听说后，又看到他活着回来了，个个惊得目瞪口呆。

据说，还有好几次，在途中他不幸碰到山贼强盗拦路打劫。其中两次，徐霞客被洗劫一空。另一次发生在湘江，他在危急时刻奋力跳水，才得以脱险。

总之，这是一位名副其实的超级探险家，天灾人祸全不怕，没人能阻止得了，也没人能像他那样做到这个地步，三十年如一日地拼命奔波，收集岩石标本，记录日记。

徐霞客最后一次出游是在崇祯九年（公元1636年），那时他已五十一岁。他一直跑到了云南的腾冲，也就是今天中国与缅甸的边界线上，四年后 才返回家乡。

临终前，这位超级旅行家已经记下了二百四十多万字的日记，几乎可以跟一名高产作家相比，其勤奋程度可想而知。不幸后来这些日记散失了不少，但给后世留下剩余的这本《徐霞客游记》，已经是一本天下奇书了。

对于平庸的人而言，科考就像是独木桥，但是对一个有理想的青年而言，落榜并不是人生的乌云，非但不是，还会令他的人生之路更加广阔，也充满更多的风景。

当然还有一点，一个成功的人，似乎还需要有开明的父母作为坚强后盾。

归有光：束发读书项脊轩

——“散文大师”是怎样炼出来的

时代：明代

落榜：8 次

职业：太仆寺丞

成就：散文家、“唐宋派”代表作家、“嘉靖三大家”之一

自古至今，许多才气洋溢、志向远大的大文豪都曾在科考中落败失利。“唐宋八大家”之首、唐朝的韩愈先生，就曾落榜多次；而到了明朝，同样的厄运再次降临到另一位大文豪身上，而且落榜八次，可谓悲摧之至。

这位落榜的大文豪，就是归有光。

论地位，归有光在当时差不多相当于唐朝的韩愈、宋代的欧阳修，可谓是文坛一代宗师。那么，他为什么如此衰命，以至于八次名落孙山；而他又是怎么从一名落榜生，成为一名大文豪的呢？

这无关乎幸运，完全归功于他的勤奋，当然，还有那么一点不可或缺的

天赋。

归有光是江苏昆山人，又是一个江南才子。

大文豪似乎一般从小都很聪明，归有光也不例外。他从小聪颖，据说八九岁就会作文，当然不是那种看图说话的作文，而是完整成熟的长篇作文。到了十岁，他一挥而就，洋洋洒洒写下了上千字的长篇议论文《乞醯论》，这也是他平生留下的最早的一篇文章。

九岁那年，他年轻的母亲去世了，年仅二十五岁。在这点上，归有光有些可怜，这么早就失去了母爱。

当然，归有光还有老爹的肩膀可依靠。但是这个父亲既不是大官，也不是富豪，只不过是个穷书生而已。可见，父亲的这双肩膀是很单薄的，归有光从少年时就品尝到贫苦的滋味，而他也立志要发奋读书，靠自己的努力出人头地。

出人头地，对于一个穷二代而言，这个目标无可厚非。千里之行，始于足下，任何大目标都是先从小目标的实现，一点点积累的。

当然，幸好归有光还有祖母，还有奶妈，给他一点关照。

在学业上，昆山当地有一位相当有名的儒生，名叫魏校，归有光有幸拜他为师，刻苦学习文章诗赋。

公元1520年，刚过十四岁生日的归有光第一次参加童试。

果然，大家没看走眼，归有光是个聪明的学生，他不但考中了，而且还是第一名——案首。这年，归有光正式成为苏州府的秀才。

这是值得归家骄傲的一桩喜事，似乎也预兆着归家的美好前程。因为归家虽然祖上出过中央官员，但后来已经好几代都没有人考中进士当官了。他的爷爷、他的老爹都是没有功名的普通百姓而已。

所以，为了让归有光能够安心读书，他被家人专门安置在一个清静的读书房间——项脊轩。

这是一间老屋子，而且面积也不大。归有光曾在《项脊轩志》中讲到，他从束发（指古代男孩将原先的总角解散，扎成一束。年龄标准大约在十四五岁）时，就开始在这里读书。

从此，归有光就在项脊轩中埋头苦读，几乎不出门，也很少去家中其他地方。他的祖母好久都没见到孙子，想得慌，某天便拄着拐杖，亲自来看望孙子。

看到孙子在读书，竟然没瞧见自己，祖母有些埋怨地说："孙儿，奶奶好久都没看到你了，怎么整天默默无言，像个女孩子那样？"

听到祖母这话，归有光有些惭愧，脸都红了。当祖母离开时，用手闭上门，他听到老人家在自言自语说："我家几代读书都没见成效，一个当官的都没有，看来我这个孙子，他日应该会有出息！"

过了一会儿，祖母又来了，手里拿着一枚象笏。

象笏就是象牙手板，是古代五品以上级别的官员朝拜时，向领导启奏禀报时用的，上面会书写一些文件要点，以防遗忘疏忽，差不多相当于记事簿。由此可知，归家从前是有人当过中央高官的。

这时，祖母对孙子说了这样一番话："我们祖上太常公在宣德年间，曾经拿着这个东西上朝，想必日后你也能用上它！"祖母边说边擦眼泪，这让归有光的内心深受触动。

祖母的殷切期盼，无疑是对归有光的鞭策和激励。从此，归有光更加发奋图强，他知道，这不仅仅是为了自己，也是为了这些长辈，为了归家。

当时有个制度，中了秀才的考生中，成绩优秀的，可以被保送到官方的高等学府——太学，进行深造，并能获得一定的生活补助。但是不知什么原因，归有光尽管是第一名秀才，最初却没能进入那所高等学府。这不得不说是一个遗憾。

直到在家中自学了五年后，归有光才被保送到南京太学里，开始了独立的求学生涯。这年他刚满二十岁。

在太学中学习，有官方老师授课，还有同学可以互相切磋。如此利好的学习环境，无疑令归有光大大增长了学识。

每隔三年，太学里的学生们都会集体参加举人考试。

第一次在南京参加乡试考试，归有光胸有成竹。不料，结果出来时，这位公认的高才生却不幸名落孙山。

之后，他连续参加科考，却连连碰壁。第二次考试，归有光又落榜了；第三次，他再次榜上无名；第四次，他还是落榜；第五次，依旧是名落孙山。

这五次的落榜，不知道归有光心中是什么滋味，但肯定不是甜蜜的。

直到公元1540年，他似乎才转运了。这年的主考官是张治，他非常欣赏归有光的文章，因而考试结果下来，归有光终于榜上挂名，而且排名第二。

十五年的寒窗煎熬，六次的考试，终于有了这样的成绩，也算是获得了安慰奖。

此时的归有光已是三十五岁，正处于而立与不惑之间。更为重要的是，在多年的苦读下，早在二十岁时，归有光已经纵观三代两汉之文，遍览诸子百家，并且能够融会贯通，自成一家。他与本县的诗人俞仲蔚、艺匠张子宾，并列为“昆山三绝”。

除此之外，当时主持江南考试的主考官张文毅，也曾读过归有光的文章，对他佩服得五体投地，甚至将他比作是“贾谊和董仲舒再世”。

可见，归有光这时的才学与名声已经不小，凭着这份才气，金榜题名应是胜券在握。

因而，就在乡试中举的当年冬天，归有光亟不可待地雇了车马日夜兼程北上，准备参加第二年春天的教育部会试。

然而这次会试，归有光不幸落榜了。

失意的归有光回乡后，为了生计，没多久就举家搬迁到上海的安亭江岸。凭借自己的才学，他在这里开始了自己的讲学生涯。

很快，就有不少读书人从四面八方慕名前来，拜在归有光的门下。不成想，半年内就聚集了上百人。靠着所收的学费，归有光终于摆脱了窘迫的生活：田产四十多亩，而且还有仆人若干，甚至还用上了牛车灌水。

生活日趋稳定，归有光一边复习，一边安心讲学，谈文讲道。前来求学的学子也越来越多，而他的名气和威望也越来越高，被称为“震川先生”。因为太湖古称“震泽”，因而大家便用“震川”一词来尊称归有光老师。

不过，尽管归有光才名远播，但他并没有放弃科考。每隔三年，归有光都会参加会试。

然而命运似乎对归有光格外残忍，他一次次地落榜，屡战屡败。这个落榜的记录竟然持续了八次，整整二十五年。或许，他早就对功名失望了，但他相信这不是自己的实力不够，只是命运和时机的问题而已。

他仅仅是在跟命运死磕，他想看看到底谁更强硬。

当然还有一点，也许是归有光的“死脑筋”，才让他一直那么背运。

明代科举场上舞弊之风甚盛，虽不重唐代的行卷之习，但是有宗师和大官僚的提携是仕进的重要捷径。然而，在科场上，归有光表示绝不走任何捷径，不靠关系，不走后门，他要光明正大地证明自己的才能，绝不靠什么旁门左道的手段。

比如，早在乡试期间就对归有光极为赏识的主考官张文毅，得知他此后屡败科场，不由得大为感叹，好几次他凭借旧交情，打算让这位苦命才子能在自己管辖的范围内任职，好歹也是个捷径，不用这么辛苦再去考试。

但是，归有光婉拒了。

还有一桩事。归有光的大名，甚至连朝中的太监都如雷贯耳。有一个太监是太子身边的红人，他专程慕名让自己的侄子前来拜归有光为师。之后，这位学生好几次让归老师去京城拜谒那位太监，好走走门路，这样能轻松谋个官职。

老师是有尊严的，也是有骨气的。归有光每次都毫不客气地断然拒绝。

之后，等到太子接班成为国家领导（即明穆宗）后，那位太监更加权势冲天。归有光仍然一如既往，跟他绝无来往。这样耿直的性格，自然难以赢得那些官场贵人的青睐。

归有光一如既往地凭借自己的真才实学，参加考试，尽管一次次地落榜，他依旧不屑走捷径，坚持走自己的阳关大道。

除此之外，归有光在文坛上也保持这份风骨，耿介拔俗，毫不妥协，尤其是敢于蔑视权威。

当时的文坛出现了“后七子”，继承“前七子”主张，标榜“文必秦汉，诗必盛唐”，打着“复古”的旗号，一味刻意模仿古人，缺乏创新和个性。对于这种文坛风气，归有光大为反感，极力持反对意见。

“后七子”的领袖人物，一个是李攀龙，一个是王世贞。

碰巧的是，王世贞与归有光是同乡。相比之下，王世贞在科场和仕途上一帆风顺，春风得意。王世贞年仅二十二岁就金榜题名，考中进士，并且此后官运亨通，步步高升，一直当上了南京刑部尚书。在政坛上他官居高位，在文坛上他属于文学权威人士，几乎一手遮天。

归有光尽管也挺有名声，但他毕竟还是一个身处乡间的老儒生，而且还是一位多年科场败北的落榜生。在地位和身份上，归有光明显逊色一筹。

但是就是这样的一介落榜生，却毫不屈服地站了出来，与文坛权威王世贞对抗。

于是，两位同乡才子开始了一场口诛笔伐。

归有光发表文章称：当今文坛作家真不像话，还没学到古人的真谛，却不知怎的冒出一两名狂妄平庸的人充大腕，于是众人附和，真是可悲!

王世充看了文章，大为恼火，自然不肯示弱，他表示：在下也许是有那么一点狂妄，但是要说平庸，我还真没听说过!

归有光立马回敬：只有狂妄才会导致平庸，没有狂妄而不平庸的人。

这下，王世贞没得反驳了。

谁知，王世贞到了晚年，对这位文坛对手的态度却来了个一百八十度大转弯。他为归有光亲自写了一篇序文，毫不吝啬地称赞归有光，说他相当于当世的韩愈与欧阳修，堪称一代名家。归有光以自己的才华，终于折服了对手，让权威向他低头。

到了公元 1565 年，归有光再次参加会试，这是他第九次走进考场。

这次他终于金榜题名，考中进士，名列三甲。尽管名次并不靠前，但他最终证明了自己有成为进士的才能。

归有光拥有的是一种锲而不舍的精神，一种难得的钉子精神。是否当官也许已经不那么重要了，对他而言，重要的仅仅是一个证明而已。

落榜已成过眼云烟，作为一名文学家，他已经得到了举世公认。

李时珍：自古行行出状元

——弃文学医终成“药圣”

时代：明朝

落榜：3 次

职业：太医院院判

成就：医学家、药物学家、“药圣”

公元1542年，有一位考生在科考中连续第三次落榜，并且因为身体素质过差，体力不支，难以应付残酷的科考生涯，最终他不得不放弃，从而改行学医。若干年后，这个落榜生被民间奉为神明，甚至被誉为“药圣”。

这位当初身体很差的落榜生，名叫李时珍。

李时珍在落榜后，之所以会选择医生这个行业，完全跟他的家世有关系。

李时珍出生在一个三代相传的医户人家，祖父是个“铃医”，这个职业相当于“走穴”郎中，就是云游八方跑生意的江湖医生，手里摇着铃铛，每走一处，都要吆喝，但这与那些卖狗皮膏药的“江湖郎中”还是有本质区别的。他老爹李言闻是湖北当地的一位名医，医术精湛。因而，受家庭的熏陶，李时珍从小就喜爱医药。

李时珍身体孱弱，免疫力低，从小就经常容易伤风感冒，老爹也就成了儿子的专人医生。所谓“久病成医”，这倒成了李时珍能现场学习老爹怎样看病的一个机会。

但在当时，民间医生不但不怎么赚钱，而且社会地位非常低下，有时还遭到官绅们的欺压。这股势力在明朝更甚，当时还规定“医户”人家不能改行。

因此，尽管李家世代为医，但是老爹还是不希望儿子将来习医，他鼓励儿子好好读书，将来通过科举获得一官半职，光宗耀祖。

这的确是老爹的心里话，也是对李时珍寄予的期望。

所以，尽管李时珍从小喜欢好奇地围着老爹的那只药箱子打转，但是老爹还是鞭策他去刻苦学习四书五经，认真背诵诗词歌赋什么的，就是不让他摸《千金方》之类的课外书籍。

一旦发现李时珍不听话，偷看那些“禁书”，老爹就是一顿臭骂，把他锁在书房里，扔在“四书五经”这些书堆里。

年轻的李时珍尽管不大情愿，还得听从父亲的。他只好硬着头皮，将心思放在学习那些僵硬呆板、枯燥乏味的八股文上面。

对于李时珍，复习功课无异于一场漫长的煎熬。不过几年下来，这场煎熬似乎还有些成绩。

十四岁那年，李时珍第一次参加本县童试。他不负老爹的期待，一举考中了秀才。

这对李家是个莫大的欣慰，老爹简直把这个当作天大的喜讯，逢人便说。自此，他更是把李时珍看作李家最有出息的子孙。

由此，父亲更是让李时珍再接再厉，努力争取考个举人、贡士，再考个进士。看到全家人殷切的目光，李时珍只得咬牙继续奋斗。他埋头苦读，就等着三年后的那天。

一晃三年过去了，在李家的烧香祝福下，李时珍前去武昌参加乡试。

这次上考场时，李时珍背负着很大的压力，因为全家人对他都寄予厚望，希望他这次能够一举高中。这让李时珍感到十分紧张。

揭榜之日，李时珍名落孙山，全家喟叹。这时的李时珍有些打退堂鼓了，因为他喜欢医书，而不是那些枯燥的八股文。但是，家人还是一再鞭策他，让他不要放弃，要他迎难而上，要他为了全家继续奋斗下去。

李时珍只好勉强答应了。

又是三年的埋头苦读，接着又是去武昌赶考。李时珍这次不是紧张了，而是怯场，再度没发挥好，答题答得一塌糊涂，连自己都不知道是怎么下笔的。

考完后，李时珍心里有数，发榜那天他没去，而是让老乡代他看榜。果然，一切如他所料，他依旧榜上无名。

全家再次失望。

原本李时珍打算放弃了，但在全家的极力劝慰下，他最终妥协了。

三年苦读的日子煎熬出来，也该上考场了。

还是三年前的那个武昌，似乎繁华了些；还是那个考场，考生却是三年后的他。这次，李时珍答题很认真，也很顺利，没有什么不适感。考试下来，他的自我感觉良好，自认榜上提名应该没什么问题。

然而，结果出来时，这次连李时珍本人都觉得失望。他再次落榜。

闷闷不乐地回到家，李时珍的第一句话就是向全家表示，再也不去考什么破八股了，他已经对科举考试丧失了兴趣。而且，他对医学的浓厚兴趣一直有增无减，于是李时珍决定弃文从医，将医学当作自己的终生事业。

这个落榜年，他已经二十三岁，正是男儿立志时。

父亲还是觉得有些遗憾，面有难色。但是李时珍这次却勇敢地向老爹坚持了自己的意愿，并郑重发誓说：

身如逆流船，心比铁石坚。

望父全儿志，至死不怕难。

也许是李时珍的这份决心打动了老爹，也许是他想通了，这次他终于不再强求，而是给了儿子一次自由选择人生的机会。

从此，老爹成了李时珍的言传身教的医学老师，悉心教导儿子。李时珍跟着老爹，认真钻研医书，不辞辛苦地上山采药。

十几年来，李时珍翻遍了上百本古籍医书，也采摘、品尝过不少草药；自己每次得病，也都身体力行，不让父亲插手，亲自给自己下药。

凭借天赋和勤奋，李时珍在三十岁时，就已经成为当地名医了，完全有资格做父亲的接班人。

三十八岁时，李时珍由于名声远扬，被武昌的领导楚王知道了，专程聘请他为“奉祠正”，在王府里供职。几年后，皇帝招揽天下名医，李时珍被楚王推荐到南京的国家一级医院——太医院供职。

在这期间，李时珍积极从事药物研究工作，经常出入于太医院的药房及御药库，认真仔细地比较、鉴别各地的药材，搜集了大量的资料，同时还有机会饱览了王府和皇家珍藏的丰富典籍，包括《本草品汇精要》。与此同时，他还从宫廷中获得了当时有关民间的大量本草相关信息，并看到了许多平时难以见到的药物标本，开阔了眼界，丰富了知识。

但是，太医院里的庸医太多了，而且个个是老油条，蛮不讲理，欺负新同事。这里的水太混了，李时珍难以忍受，不到一年，便辞职回乡了。

回到家乡，他专门开了一家门诊，名叫“红花园”，从此长期坐诊，四方各地的病人纷纷前来求医。李时珍给人治病，从来都是药到病除。因而，这位年轻的大夫大受乡人欢迎。

一边治病救人，李时珍一边也没忘学习进步。他刻苦钻研医术，翻医书，采草药，寻求治病良方。但是几年下来，他发现了一个严重的问题。

许多医书中存在不少错误，甚至导致治病治死人的情况。

比如，许多书中同一种药，却有各种不同的名称，让人莫衷一是；有些药材同名，实际是不同地方生的，药性大为不同；要么就是两三种药物被混为一谈；甚至还有不少毒性的药物，竟被认为是延年益寿的长生药！

这简直骇人听闻，按照这种歪方，医生完全就是杀人不偿命！

再如，南北朝有位著名医药学家陶弘景，他在书中讲，远志是一种小草，形似麻黄，但颜色是绿色的，开白花。但是宋代的一位医学家马志却说它像大青，而且还责怪陶弘景压根就不认识远志是啥玩意。

还有，陶弘景在书中讲到了一种叫鲮鲤的动物。鲮鲤其实就是今天所说的穿山甲，是常用的中药药材。陶弘景描述穿山甲，称它是水陆双栖，白天爬到岩石上，故意张开鳞甲，躺着装死，是为了引诱蚂蚁钻进自己甲里。然后它会合闭上鳞甲，潜入河里，然后让蚂蚁的尸体浮出水面，美餐一顿。

对于这个描述，李时珍从来没见过，半信半疑，觉得那么大的肉食动物，竟然吃那么小的蚂蚁，能够吃吗？于是他拿出科学家十二分严谨的态度，开始了实地调查。他亲自跑到山上进行观察，并在当地猎人的帮助，捉了一只穿山甲，将它剖开，发现它的胃里约有一升的蚂蚁，从而证实了穿山甲确实以蚂蚁为食。

但是他发现穿山甲吃蚂蚁时，并不是陶弘景所说的那样，而是刨开蚁穴，进行舔食。于是他将这些新发现清楚明白地写进了著作里。

还有，当时的太和山五龙宫上长“榔梅”，道士们称它是吃后可以长生不老的仙果。因而，官方垄断了这座山，将榔梅定为贡品，要求道士们采摘，每年向皇帝进贡。既然榔梅被定为贡品，只能是皇帝独享，政府下令严禁百姓采摘。

李时珍听说后，对政府的行径非常鄙视，同时也心生疑惑。他于是不顾道士们的反对，偷偷地爬到山上，躲过守卫士兵的监视，冒险采摘了几只。回家后他认真研究，发现这传说中的“仙果”不过是种野果，其实是变形的榆树的果实，功效与普通的桃杏没啥区别，仅仅能止咳罢了，长生不老完全是无稽之谈。

医学上的种种错谬让李时珍大为头疼，他是一个认真的人，而万事就怕认真。更何况，医学可是一门极其严肃的科学，它的使命就是与生命打交道。因而，李时珍决定自己编著一本既符合事实又科学的医书，这不但必要，而且是迫在眉睫，这本书就是后来的《本草纲目》。

于是，一有空闲，李时珍就在徒弟庞宪和儿子建元的随同下，深入高山野岭，收集草药标本，而且还遍访名医耆宿，寻求民间验方，然后进行总结、归纳、修正。

经过二十七年的实地考察和不懈努力，李时珍彻底弄清了医学上的许多疑难问题。

公元 1578 年，《本草纲目》的初稿诞生了。这年，李时珍六十一岁，刚过花甲。

之后，《本草纲目》又经过十年做了三次修改，前后共计四十年。

据统计，《本草纲目》全书近两百万字，记载药物达一千八百九十二种，分成六十类。其中三百七十四种是李时珍在前人的记载基础上新增加的药物。书中配插画上千幅，并附有一万多条药方。它是几千年来祖国药物学的总结。这本药典，不论从它严密的科学分类，还是从它包含药物的数目之多和流畅生动的文笔来看，都远远超过古代任何一部本草著作。

据说，到了近代，英国著名生物学家达尔文也对这部书竖起大拇指，称赞它为“中国古代的百科全书”。

科举考场上的李时珍，走得是跌跌撞撞，但谁说科举落榜就一败涂地？李时珍用自己的一生给出了一个完美的答案。你可能说不出明朝都有谁是状元，但一定知道《本草纲目》是李时珍修著的，这一点就足以证明他的成功。

曾经屡战屡败的落榜生，却最终成为一代“药圣”。正所谓“行行出状元”，只要选对自己的人生方向，也许每个人的成就会更加令人瞩目。

当然也许还有一点：人要学会给自己一条出路。有时，知难而退，并不是胆怯，而是明智。聪明的人选择适合自己的道路，只有这样，才会走得比别人更远、更高。

吴承恩：山高自有客行路

——一位浪漫主义者的“取经”之路

时代：明朝

落榜：次数不明

职业：长兴县丞

成就：著名小说家，代表作《西游记》为我国古代四大名著之一

自小聪慧过人，私下爱看志怪小说，爱读民间野史，好谈时政，好打抱不平，好开玩笑，疏狂自傲，不合世俗，只做一个浪漫主义者，我叫吴承恩。

——这也许就是明代考生吴承恩的“凡客宣言”。

这样富有个性的学生注定不适合走科举道路，果然，他多年频频落榜。然而，谁能想到，他最终成为一位大名鼎鼎的小说家。长篇神魔小说《西游记》从而有幸诞生，成为我国四大名著之一，影响深远。

其实，这部小说的主角不是慈悲为怀、一心前往西天取经的唐三藏法师，而是他的那位大徒弟孙悟空。

大闹天宫的孙猴子，之所以能成为吴承恩书中的主角，是因为这个角色与作者本人同样愤世嫉俗。世间有太多的妖魔鬼怪，社会各层有太多的牛鬼蛇神，孙猴子对天庭玉帝的不满，对天庭制度的反感，这些也许都来源于吴承恩对现实世界的不满。

因而，他借助齐天大圣来“降妖除魔”。

吴承恩出生于淮安府山阳县（今江苏省淮安市楚州区）。他自幼聪敏过人，但家境不太好。祖上原本还算是国家干部，好歹有些地位，但到了他父亲这一辈，吴家已经沦落为商人家庭，家境清贫。

吴承恩小时候勤奋好学，一目十行，过目成诵。少年时代，他已能写出一手令人称羡的好文章，从而名闻家乡淮安一带，受到官府、名流和乡绅的赏识。据当地《淮安府志》记载，吴承恩“性敏而多慧，博极群书，做诗文下笔立成”。稍微翻译一下，就是说，吴承恩不仅聪明、思维敏捷，而且博览群书，尤其让人佩服的是，他写诗作文，不假思索，下笔千言，一气呵成。

嘉靖八年（公元1529年），吴承恩到淮安知府葛木所创办的龙溪书院读书，得到葛木的赏识。

这样的奇才，科考及第想来不是什么难事。

然而，杜甫曾说过“文章憎命达”，意思是说诗文写得越好的人，往往命运越不济，是因为好文章不允许有好命运，鱼与熊掌两者不可兼得。这有点悲观宿命论的色彩，不值得提倡。

但不知是巧合，还是命运偏偏爱捉弄人，步入青年时代的奇才吴承恩在科场上连连碰壁，屡试不第。

当初父亲吴锐给他取名承恩，字汝忠，涵义中寄予厚望。无非是希望他将来能上承皇恩，下泽黎民，做一名青史留名的忠臣。然而，父亲的这个愿望终究落空了。

第一次参加科考，吴承恩就名落孙山。

嘉靖十年（公元1531年），吴承恩在府学岁考和科考中获得了优异成绩，取得了科举生员的资格，与好友沈坤去南京参加乡试。吴承恩与沈坤的目标，自然是希望能共同榜上有名，然后再一同搭伴进京赶考。

不幸的是，这次天不遂人愿。

放榜之后，沈坤名列前茅，中了举人；而才华出众、誉满乡里的大才子吴承恩却名落孙山。

福无双至，祸不单行。就在他落榜的第二年，老爹满怀遗憾地去世了。在守丧的三年中，吴承恩接受初次失败的教训，埋头苦学。

三年后的秋天，黄叶纷飞。吴承恩再次参加乡试。然而，这次他仍没有考中。站在父亲坟前，吴承恩羞愤交加。

这年冬天，吴承恩因为读书过劳，病倒在床，这对他无异于雪上加霜。

更没料到的是，以后的多次考试，吴承恩虽然积极参加，却是一再失意。他似乎陷入了一种恶性循环：越是渴望考中，就越是忐忑、心情不安，偏偏导致每次都名落孙山。

其实，吴承恩不光文才出众，还是个学识非常广博的通才，他擅长书法、绘画，爱好填词度曲，对围棋也很精通，可谓多才多艺。不过，由于明朝的科举考试范围非常窄，对于吴承恩这种综合素质极高的考生来说，是相当吃亏的，结果他屡次落榜。

当然，或许还有一个非常重要的原因。吴承恩平时喜欢看神仙鬼怪、狐妖猴精之类的小说或野史，经常半夜里点着煤油灯看得废寝忘食。

久而久之，这些课外阅读，势必会在一定程度上影响吴承恩的学习效率。

因此，长达十年的时间，吴承恩依然没过乡试这一关，依旧是一介秀才，准确地说，这时他已经是中年秀才了。

就在嘉靖二十年（公元1541年），吴承恩听到了一个令他震惊的消息，是关于从前那位同窗好友的。沈坤这年进京赶考，居然金榜题名，一举考中了进士，而且更让他觉得不可思议的是，人家沈坤考中的是一甲第一名——状元。

这年吴承恩整四十岁，已是不惑之年；而好友沈坤才三十四岁。

十多年前，两个人同窗时，曾一起发誓要一块考中进士，一同金榜题名。不料十年过去了，吴承恩依旧是个秀才，而昔日的哥们儿却风光得意，而且还是状元。

尽管两个人关系铁，他也会为对方的中榜而高兴。但是没有对比就没有伤害，反观自身，连个举人都考不中，这算哪门子事。

绝对是命运在开自己的玩笑，吴承恩也许会这样思忖。

但他还是老样子，一边复读，一边不忘看神怪小说，什么《封神演义》《八仙传奇》，凡是能搜到、买到、借到的，他都会千方百计地弄来读。

更让他开心的是，他得到了一次免费赠书的机会。家乡有一位富裕的知识分子，名叫朱应登，也是一位才子，跟吴承恩关系不错。更关键的是，他家中藏书万卷。

朱应登平时很欣赏吴承恩的才华，也很佩服他的一目十行的读书精神，认为他完全可以读完天下之书。于是，朱应登慷慨地将自家图书馆的一半图书分赠给吴承恩，另外一半也允许他随时来借阅，并且没有还书期限。

对此，吴承恩自然喜不自胜。渐渐地，复读似乎成了副业，而饱读课外小说倒成了他的主业。

此时，吴承恩已经对及第没多少信心了，或许真的是“谋事在人，成事在天”，想通后，他不再看重科考，对功名的念想也淡了许多。

因而，他发出这样的感叹："功名富贵自有命，必须得之无乃痴！"看来，吴承恩不再沉迷，已经跳脱出了科举考试的怪圈，只有痴人才会一再做白日梦。

但是，吴承恩开始做自己的另一个梦。

这个梦，就是传说中的"西游取经"。他已经开始构思写一篇神魔小说，要超过那部《封神演义》，他要创造一个无法无天的角色，横行神、人、鬼三界，我行我素，这样的角色就是"齐天大圣"。

他要让心目中的"齐天大圣"为正义而战，因为现实有太多的不合理。

吴承恩开始动笔了。

在家中，他写到了花果山石猴称王、孙猴子大闹天宫，还写到了孙悟空被压五指山，以及之后的唐僧师徒的佛缘。他刚写了前面的十几回，却被一件意外的事情打断了。

嘉靖二十九年（公元1550年），将近五十岁的吴承恩由于在书画领域颇有建树，文章也很有名气，完全有资格归为当地名人，因而他被当地政府举荐为岁贡生。

先解释一下岁贡。它属于科举制度的一个环节。地方政府每年都会向中央选拔一些杰出的秀才，直接可以被保送到中央最高学府——国子监，前去就读，毕业后参加科考，还有一定的优惠政策。

这些每年被保送入读国子监的秀才，就叫岁贡生。

所以说到底，岁贡生就相当于国家保送生。而这年，吴承恩有幸成为保送生。

能获得这种殊遇，对于两鬓添霜的吴承恩，简直就是意外之喜。再说这不仅是一种机会，还是一次荣誉。因此，向来狂傲的吴承恩终究还是接受了。

明朝有两座国子监，一所在南京，称南监；一所在北京，称为北监。吴承恩被保送到南监，因而他从家乡来到南京，在太学待了一段日子。

从国子监毕业后，部分毕业生通常在首都就可以直接被分配官职。因此，吴承恩又不得不千里迢迢从家乡来到北京。

但是，吴承恩一没背景，二没关系，结果很清楚，他又被架空了，没有被分配任何职位。在首都的这次经历，无疑让他更加认清了官场的黑暗腐朽，这些都将会在他的小说里一一影射。

到头来仍是一场空，最终，吴承恩还是回家了。

嘉靖三十五年（公元1556年），由于老妈年事已高，加上家里十分拮据，为了谋生，吴承恩去做了浙江长兴县丞。县丞是县令的副手。然而，就这个县令副手的职位，吴承恩也没做多久。两年后，他就因为受人诽谤，一气之下辞了职，甩袖子走人。

从此，晚年的吴承恩一边以作画为生，一边专心伏案写作。

此外，嘉靖三十八年（公元1559年）发生了一件事，深深地震撼了吴承恩。这件事与他当年的同窗好友，进士科状元沈坤有关。嘉靖年间，奸佞当道，沈坤为人耿直，不愿折腰事权贵，致使不被重用，长期任翰林院修撰。后改任南京国子监祭酒。

这年，因为母亲去世，沈坤回家守丧。不巧沿海一带正值倭寇侵扰。这位状元郎当即慷慨解囊，散尽家财，招募乡兵，积极抵抗倭寇，并且在姚家荡一战中杀死倭寇达八百人，功绩突出。

这位文状元，因而也被时人赞扬为“武状元”。

没想到，原本应当受到封赏的沈坤，却遭到奸人的诬陷。嘉靖三十九年（公元1560年），淮安太守范槚和给事中胡应嘉诬陷他聚集暴力分子，擅自越权，有谋反之嫌。谁知中央领导嘉靖帝更是糊涂，将沈坤逮捕入狱。

沈坤在狱中饱受折磨，最后竟然冤死狱中。

这么爱国的正义人士，结果却遭到这样的下场，简直是人神共愤。

听到这个消息，吴承恩义愤填膺，对这个龌龊的政府更加不满。这场悲剧性事件，无疑深刻地影响了他的那部作品的构思和创作计划。

晚年的吴承恩生活尽管艰难，但他还是坚持笔耕不辍。最终在有生之年，他完成了一百回的《西游释厄传》，经过几番修改，临终前他又将其改名为《西游记》。

据说，当这部神魔小说出版之后，就被政府列为禁书，严禁出版发行。但是，这种官方严禁并没能妨碍它流传百世，更没妨碍它成为一部伟大的经典之作。《西游记》的出现，开辟了神魔长篇章回小说的新门类，书中将善意的嘲笑、辛辣的讽刺同严肃的批判巧妙地结合在一起的特点，直接影响着讽刺小说的发展。《西游记》是古代长篇小说浪漫主义的高峰，在世界文学史上，它也是浪漫主义的杰作。

吴承恩虽然终身未能腾达，但他和他的《西游记》，在中国文学史上取得了光辉而崇高的地位，永将光照千秋。

冯梦龙：富贵本无根，尽从勤里得

——从落榜生到“畅销作家”

时代：晚明

落榜：6 次

职业：丹徒训导、知县

成就：畅销书作家

他才学出众，有经世济国之志，却屡试不中；

他是晚明最成功的畅销书作家，素有“明代通俗文学第一人”之称；

他是晚明思想文化新潮流中的弄潮儿，却没能过上如愿以偿的生活。

他是冯梦龙。

冯梦龙是个高产作家，写过各类作品，光作品名几乎就能列一长串：智慧故事集《智囊》、经典笑话集《笑府》《古今谈概》、长短篇小说《东周列国志》《新列国志》《增补三遂平妖传》《古今烈女演义》《太平广记钞》《情史类略》《燕居笔记》、戏曲集《墨憨斋定本传奇》、民歌集《桂枝儿》、散曲集《太霞新奏》，等等。

可见，冯梦龙的确堪称“高产作家”，一点不假。

而其中最为著名的，则是他的“警策三部曲”——《喻世明言》《警世通言》《醒世恒言》，合称“三言”。“三言”与当时的另一位畅销书作家凌濛初的《初刻拍案惊奇》《二刻拍案惊奇》合称“三言二拍”，是中国白话短篇小说的经典代表。

身为作家，自然有笔名，冯梦龙笔名众多，可以列一长串：龙子犹、墨憨斋主人、顾曲散人，吴下词奴、姑苏词奴、前周柱史、绿天馆主人、詹詹外史等，分署于他编辑的不同图书上。

然而，最初的冯梦龙，并没有当作家的理想，跟当时的许多尖子生一样，他渴望有朝一日金榜题名，衣锦还乡。可身为尖子生的他，并没能得偿所愿。

冯梦龙籍贯江苏吴中，是个江南才子；更让当时人羡慕嫉妒恨的是，冯家不仅是名门大家，而且生出的三个儿子，个个都有出息。

冯梦龙为家中老二，是个作家；哥哥冯梦桂，是个画家；弟弟冯梦熊，是个太学生，三兄弟被称为“吴下三冯”。因而许多家长路过冯家时，都不得不朝着冯家的门槛感叹：生子如此，夫复何求！

从三兄弟的名字，就能看出冯家对儿子寄予的厚望，希望儿子个个都能考中进士，当父母官，成为人中之龙。

冯梦龙从小聪明好学，和其他世家子弟一样，他把主要精力放在诵读经史上。他是父母眼中的优秀生，老师眼中的拔尖生，更是同学眼中的竞争对象。总之，他最初是一位人人艳羡的尖子生。

从十五岁时，冯梦龙就开始参加乡里举行的童试。

然而不幸的是，连考三场下来，这位尖子生初战就告败，名落孙山。这让心气颇高的冯梦龙很是受挫。

冯梦龙的自尊受到了第一次打击，也是最严重的一次创伤。

当然，年轻气盛的冯梦龙很不服气，暗暗发誓下一次一定要考中。于是，他越发努力地埋头读书。

第二次开考时，冯梦龙再次踏进考场。

这次依旧天不遂人愿，冯梦龙榜上无名。

这下，冯梦龙不是伤心，而是气愤了。自己这么优秀，凭什么就考不中？冯梦龙是个好强的人，回家后，再次把自己关在书房，埋在书堆里，整日不出门。

第三次，落榜；第四次，还是落榜；第五次，他与弟弟冯梦熊一同参加考试，自己落榜，而弟弟却考中秀才，而且还领了个贡生资格。

之后十多年过去了，一连十几次，冯梦龙连个秀才都没考中，他沮丧至极。

更为要命的是，他的弟弟冯梦熊，尽管没自己聪明，却一帆风顺，不仅童试顺利过关，而且之后的乡试、会试也都统统轻松过关。如今，弟弟都以太学生的资格在南京太学就读，等着参加下一轮的进士科考试。

已过而立之年的冯梦龙，人生驶入了低谷。他一筹莫展，失落异常。

这年，冯梦龙再次落榜了。

他很失落，怀着一颗落寞的心，他来到烟花巷陌，想寻找一份心灵安慰。

在这里，他认识了一位名叫侯慧卿的歌妓。

她不仅人靓歌甜，而且温柔体贴、善解人意。一个是风尘佳人，一个是落魄才子，两个人一见如故。

虽说“欢场无真情”，但冯梦龙对侯慧卿一往情深，两个人堕入爱河，陷入了一场不可救药的热恋中。

这种民间三教九流混杂的场所，冯梦龙以前并不曾体验过。在与侯慧卿的热恋中，渐渐地，他对这个地方越来越熟悉，同时也认识了生活在社会底层的各类人，了解了他们的生活风貌，这种深入式体验，无疑为他今后写小说提供了丰富的素材。

若干年后，侯慧卿从良了，但她嫁的良人却并不是冯梦龙，而是一名富商。

晚明时期，一个名妓的身价极其昂贵，冯梦龙既非富商，也并未做官，他根本没有经济能力为心爱的人赎身。他有的，只是真心。

而侯慧卿并非薄情，也不是嫌贫爱富，她只是渴望过上正常人的生活。

侯慧卿就这么决然离开，再没有音信。冯梦龙大病一场。病愈后，他不再踏进青楼一步。

情场如此失意，没想到他科场同样失意。

此后几年，冯梦龙尽管还参加了几场科考，依旧是名落孙山。冯梦龙开始灰心，乃至最终死心了，他不愿再把人生的光阴浪费在暗无天日的科考中。

三十多岁之后，他放弃了考试，放弃了那遥不可及的进士梦。

自此，冯梦龙将自己的人生精力投入到小说创作上，凭自己的兴趣爱好，他一边编辑整理各种街头话本，一边也自己尝试创作短篇小说。

几年间，他编写成了第一部小说《今古小说》，出版时他又改名为《喻世明言》。没想到，这第一部书就大卖，读者好评如潮。

这下，冯梦龙一发不可收拾，接下来，一口气又编写了另外两部书——《警世通言》和《醒世恒言》，这两部小说更是卖得热火朝天。

这三部小说在坊间广为流传，口碑甚好，甚至连官方评论家也纷纷赞誉。而身为作者，冯梦龙的名气自然是与日俱增，红遍整个江南。

虽然冯梦龙的作家地位越来越高，但他的身份却很卑微。于是，公元

1630年，苏州地方政府作为表彰，特意举荐他为“贡生”。也就是说，冯梦龙被破格录为秀才，而且是拔尖秀才。这年他已经五十一岁。

更没想到，第二年，他又被破格聘请为丹徒训导（即丹徒县教育局主任），官阶为从七品，仅次于县长之职。

在教育局担任公职时，冯梦龙并没忘记自己作为编辑的本行，他主动编撰了一套“科考辅导读物”，向学生们提供指导。于是一册册的《春秋衡库》《麟经指月》《春秋别本大全》《四书指月》等书从他手中发表出来，以至于整个苏州地区的录取率得以大幅度提高。

由于冯梦龙的名望越来越高，加上他在训导这个职位上成绩突出，三年后，他再次被提拔为福建寿宁县县长，官阶正七品，也就是俗称的“七品芝麻官”。

一位大作家，好不容易才当上了七品芝麻官，也许是命运对他的一点心理补偿。然而，这个小小的芝麻官，对于一名作家，只不过是一个身份的点缀而已。

李渔：词场还我旧诗豪

——风流自得的剧团总裁

时代：明末清初

落榜：1 次

职业：梨园班头、编辑、出版商

成就：著名文学家、戏曲家、美学家

公元 1639 年，杭州。秋意绵绵。

一位来自浙江兰溪的高才生在乡试中落榜，他叫李渔。

此后，他再也没有参加过任何官方考试，而是选择了另一条人生之路。许多人为他的选择感到万分遗憾，而他本人则坦然自若。

尽管功名不遂、历经战乱，但李渔还是走出了落榜的阴影，成为一名风流得意的戏曲家兼剧团老板。他成功地走出了一条属于自己的路，被后世誉为“中国戏剧理论始祖”“世界喜剧大师”“东方莎士比亚”。

李渔原名李仙侣，字谪凡，号天徒。他的父亲和伯父在江苏如皋经营着药

铺，专营医药，生意红红火火。因此，李渔一出生，就享受了富足的生活。

李渔自幼聪颖过人。据说，他还在襁褓中，就开始认字；三四岁时，就能分辨复杂的四声音调；总角（古时的孩子会把头发束成两个髻，状如两角，称为“总角”）之年便能赋诗作文，下笔千言。他每年在自家后院的梧桐树上刻诗一首，以警戒自己不要虚度年华。

种种迹象表明，李渔不仅聪明，而且过度早熟，属于神童类学生。

作为经商家庭，自然不缺钱，缺的是高贵的身份地位。因而李家并不希望儿子将来在药铺做事，而是极度渴望他能金榜题名，光宗耀祖。

因而，李渔少年时，就被家人督促着苦读诗书。为了能让儿子有个好的学习环境，老妈效仿“孟母三迁”，最终选中了李堡镇上的一座“老鹳楼”，将儿子安置在这里安心读书。

身为富家子弟，毕竟有些娇气。因此，虽说拥有优雅的学习环境，李渔却并不怎么珍惜。就像许多聪明调皮的学生一样，老妈一打盹，他就偷偷溜出去。

其实李渔并不贪玩，书房里闷得慌，他不想做个埋头苦读的书呆子，于是想法子出去呼吸呼吸新鲜空气，远眺远眺，做个眼保健操。

总体上，李渔还是相当好学的，几年下来，四书五经都被他背得滚瓜烂熟。

然而，世间一帆风顺的事并不多，也不会长久。就在崇祯二年，李渔十九岁时，老爹因病不幸去世。李家突然失去了顶梁柱，全家人一下子陷入困境。

迫于生计，也因自己要回原籍浙江参加科举考试，李渔便扶柩回乡，又搬回到老家兰溪夏李村。

安葬了父亲后，就在同年，在母亲的操办下，李渔迎娶邻乡的徐家姑娘为妻。古代讲究“成家立业”，成家后的李渔，接下来就该立业了。

对于他而言，立业无非是考科举，中进士。这也是家里人对他的最大期望。

父亲的去世，无疑更坚定了李渔考取功名的决心。好在李渔学业早有长进，四书五经、诗词歌赋、时政文章，他都很拿手，常常文不加点，一挥而就。

崇祯八年（公元1635年），李渔带着行李，前去金华参加童试。

三场下来，李渔果然顺利过关，考中了秀才，而且名列前茅。主考官甚至激动万分地将他的应试文章打印出来，当作优秀范文四处散发。李渔顿时名噪全乡，读过他的应试作文的人们，纷纷夸他为“五经童子”。

这年李渔二十四岁，他初露才名。

初战告捷，而且由此小有名气，对于追求功名的李渔来说，这是个好兆头。在他看来，之后的考试也能轻松应对，他信心更足，读书也更加刻苦。

崇祯十二年（公元1639年）秋天，乡试开考。这一天，李渔等待已久。他信心百倍地前去省城杭州参加乡试。

然而希望越大，往往失望越大。这次乡试，李渔名落孙山。

科场失利，这对素有才子之誉的李渔而言，无疑是一次沉重的打击。

落榜不久，听说同乡的一位朋友也同样落榜，也算是同命相怜，李渔就愤愤不平地写了一首诗，寄给了那位同乡：

才亦犹人命不遭，词场还我旧时豪。
携琴野外投知已，走马街前让俊髦。
酒少更宜赊痛饮，愤多姑缓读《离骚》。
姓名千古刘蕡在，比拟登科似觉高。

全诗一点伤感情绪都没有：携琴、走马、痛饮、读诗。落榜都这么豪情，也只有李渔这样的落榜生具有这等范儿，满腔的不平之气勃发而出。

不用说，这种积极昂扬的情绪，自然感染了他的那位落榜朋友，比什么安慰的话都要有效果。当然，李渔其实也是在激励自己。

不过，他终究对这次落榜耿耿于怀。就在第二年，李渔又写了一首词——《凤凰台上忆吹箫》：

昨夜今朝，只争时刻，便将老幼中分。问年华几许？正满三旬。昨岁未离双十，便余九，还算青春。叹今日，虽难称老，少亦难云。

闺人也添一岁，但神前祝我，早上青云。诗花封心急，忘却生辰。听我持杯叹息，屈纤指，不觉眉颦。封侯事，且休提起，共醉斜曛。

这次词中不免有些落寞之意，但是，他依然赤裸裸地表示，希望神灵保佑自己，他日能趁早青云直上！

落榜后的李渔，终究没有陷入消极，他再度发奋地投入复读当中，准备以更好的状态来应对下一次乡试。

一晃三年逝去，杭州乡试就要开考了。

崇祯十五年（公元1642年），李渔再次踏上去往省城杭州的赶考路。当他走到半途中，战乱爆发，李渔听说清兵已经大举入关，明朝军队节节败退，他只得返回兰溪。

不久，社会局势发生了根本变化，清朝的铁骑横扫江南，明王朝已成风雨飘摇之势。

李渔没想到战乱如此迅猛，就在回家途中，他不禁感慨地写下了这首诗：

正尔思家切，归期天作成。

诗书逢丧乱，耕钓俟升平。

乱世是武将的天下，文人永远祈求的是太平盛世。而李渔没有这个机会了。

国家危亡，自己的功名梦瞬时化为泡影，李渔也从此心灰意懒，难免有些自怨自艾。这年清明节，他去父亲坟前祭扫，百感交集，内心愧疚，写下这首诗：

三迁有教亲何愧，一命无荣子不才。
人泪桃花都是血，纸钱心事共成灰。

在诗中，李渔自责，表示愧对先人，愧对他们的悉心栽培，没有给家族带来任何荣耀，如今他剩下的只有伤心抹眼泪的份了。

再说清兵一路南下，横扫江南。三年后，清兵就打到了李渔的家乡。清廷颁布了剃发令，所到之处，“留头不留发，留发不留头”，李渔对这一伤害民族自尊心的暴行虽强烈不满，但为了保命，还是剃了，并自称为“狂奴”，表示不做一个安分顺从的奴隶。之后，他又以农民的身份，自号为“识字农”，甘做一位有文化的乡下隐士。

李渔曾想隐居乡间，老死于此。然而，在一次兴修水利的过程中，他介入了一场民事纠纷，后因“胡姓刁诈，事不如愿，结讼中止”，受气的才子很是郁闷，心中萌发了到杭州发展自己事业的念头。

公元 1651 年，李渔全家搬到了杭州，由此开始了他传奇的创业之路。

比起乡下，大城市的精神需求明显丰富多了。经过不断的接触、观察和了解，李渔发现这座繁华的都市需要的是大量的小说、大型剧院以及更多的享乐和文化消费，而自己正好有这方面的专长。

杭州市民需要小说，李渔就直奔小说。他先是给自己取了个笔名“湖上笠翁”，一口气写了两部短篇小说集：《连城璧》（又名《无声戏》）、《十二楼》（又名《觉世名言》）。

没料想，这两部小说一问世便大受欢迎，被抢购一空，李渔也赚了好一笔，生活也不再那么拮据了。

于是，他趁热打铁，继续写了两部小说，一部是《合锦回文传》，另一部是《肉蒲团》。前者属于才子佳人的故事，后者尺度过大，立马引起不小争议，而且受到官方的极度“关注”，审查后，此书被列入黑名单，打入“禁书”之列。

这一下子就打击了李渔写小说的积极性。

不过，杭州市民还很喜欢看戏剧，因此必须有人编写戏文。于是，李渔瞅准机会，当即改攻戏剧领域。戏曲一向是李渔比较偏好和擅长的，从此他又投入到戏曲行业。

当然，他写戏文剧本，既是出于爱好，又是出于商业目的，为了生活嘛。因此，他与关汉卿、汤显祖等戏曲作家不同，不走高雅路线，而是力求通俗，让广大民众能喜闻乐见。

七年之间，他一下子就写出了六部戏曲剧本：《奈何天》《比目鱼》《怜香伴》《风筝误》《凰求凤》。尤其是《风筝误》，这部作品自从上演后，好评如潮，名闻天下，而且它也成了上演次数最多的一部戏。

此外李渔的戏剧作品还有一个特点，那就是无一例外都是喜剧。这自然是因为喜剧更符合大众口味。对于这点，他也曾写诗标榜过自己的写作原则：

帷我填词不卖愁，一夫不笑是吾忧。

举世尽成弥勒佛，度人秃笔始堪投。

看来，这点绝对是一个畅销作家和卖座戏曲家之所以大红大紫的诀窍。

随着作品的不断问世，李渔成为家喻户晓的文坛新人。他的作品以惊人的速度向各地流传。但是，人一红，麻烦也就跟着来了。

李渔的那些小说、剧本，在杭州、苏州、南京等地的市面上出现了大量的盗版，严重损害了李渔的图书权益。

更有甚者，一些不法书商将无名写手的作品挂上“湖上笠翁”的大名，就堂而皇之公开出版发行，蒙骗读者。不法书商这种不择手段牟取暴利的行径，自然大大影响了李渔的作家声誉，也极大地影响了他的经济收入。

终于，李渔扛不住了，气愤地站出来，一边向政府部门提交诉讼状，要求严惩不法书商；一边与自己的女婿四处奔走，张贴布告，甚至直接去跟出版商交涉。

由于当时社会没有形成对知识产权的法律保护，盗版现象仍防不胜防，屡屡发生，使李渔忙于交涉，兴叹不已。不过在这个过程中，李渔也发现了一个情况：各大城市中，自己的作品在南京的盗版最为猖獗。

既然南京的读者如此疯狂，自己这么受欢迎，何不去南京发展？一来在当地更方便打击不法书商，二来还能赢得更大的一批粉丝，何乐而不为？

打定主意，李渔索性离开了杭州，全家搬到了南京。

相比打击不法商家，其实李渔的主要目的是为了“吸金”。来到南京，果然李渔立马声名鹊起，拥趸众多，任何一部新作都是大卖。不到两年，李渔就在“全国富豪作家排行榜”上位列第一。他在南京的“吸金计划”实现了。

李渔是个会享受生活的人。在南京，他很快就购买了一栋庄园别墅，取名为“芥子园”，其涵义则来自“芥子虽小，能纳须弥”。可见，李渔拥有相当开阔的头脑。

对于新建的庄园别墅，李渔还不太满意，嫌有些荒凉。此后，他时常亲自精心设计，为庄园别墅添置各种亭榭楼阁、山石泉湖。小小庭园经他精心设计和巧妙安排，倒也别有情趣。

庄园修饰好了，还得生活写意。

因而，这位大才子凭借自己的名气和经验，招徕和培养了一批戏曲名角，组成了一个私家戏班，整天在自己的庄园里演练，日子好不惬意。

庄园待腻了，李渔就想出去逛逛。

于是，他带着自己的戏班，在全国各地进行巡演，一边赚大钱，结交朋友，一边饱览当地风土人情。这样一来，李渔的戏班以及他本人，更加扬名八方，红遍南北。

晚年，他以一位成功的戏剧老板、戏曲家、小说家的身份，凭借雄厚的资本，出版了《芥子园画谱》《闲情偶寄》等书，名利双赢。

由此，李渔又多了一个头衔：出版家。他更加大红大紫，成为响当当的一介社会名流。

如果回顾往昔，谁也很难相信，他曾是一位落榜生。而当初谁也没想到，这么一位落榜生，多年以后，越过乱世，竟能获得这样的辉煌成就。

如今，在浙江兰溪有一座私人花园，名叫芥子园。园中有一尊铜像，这个铜像就是芥子园老人，路人无不知晓，他就是明清时期最负盛名的戏剧作家：李渔。

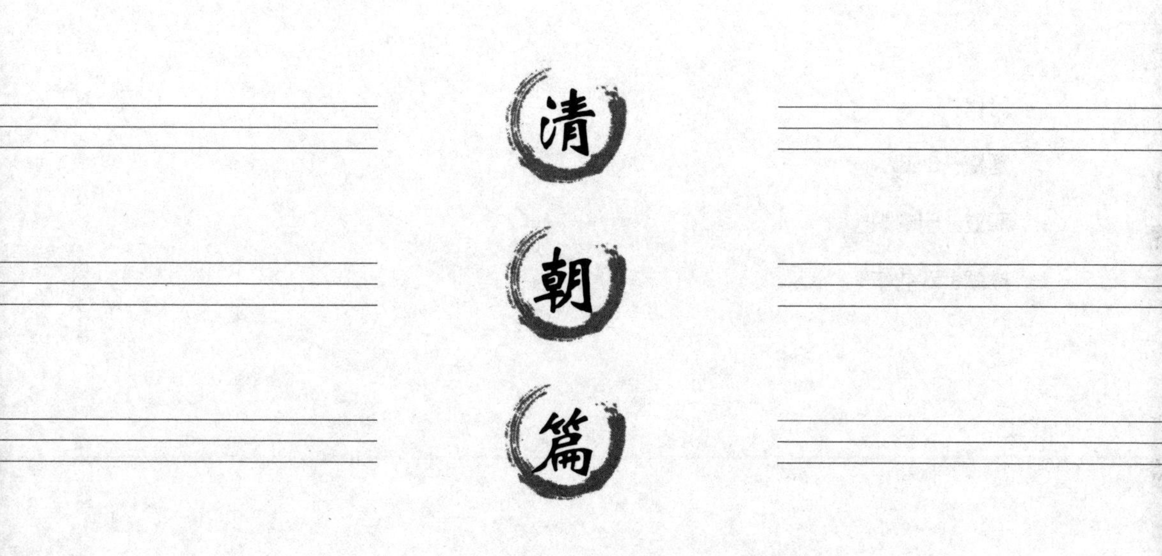

清朝篇

洪升：自古文章落布衣

——科场失意的“一级编剧”

时代：清朝

落榜：6 次

职业：自由职业者

成就：戏曲作家、诗人

清朝初年，江南有位落榜生，经历了若干年的沉寂，写成了一部传奇剧本，刚一发表就被搬上舞台，顿时轰动了整个戏剧界。

这部剧本叫《长生殿》。这位编剧名叫洪升，他是浙江杭州人。

几乎与此同时，北方也出现了一位大名鼎鼎的剧作家——孔尚任，完成了一部表现亡国之痛的历史剧《桃花扇》。

这两部历史剧堪称双璧，洪升和孔尚任也被誉为“南洪北孔”。

二人都因剧作肇祸，一个被革除了监生资格，一个被罢了官。然而，相比之下，洪升要比孔尚任更加命途多舛。孔尚任是孔圣人六十四代孙，年轻时受到中央领导康熙帝的赏识，被破格提拔为国子监博士，平步青云，春风得意。而洪升却在二十年来屡次落榜，始终是一介布衣。

洪升出生于一个富裕的士大夫家庭，他学习勤奋，很早就显露才华。十五岁时，洪升就已经在江南文坛小有名气，认识的人都称他为“小作家”。

对此，洪升并没有骄傲自满，更没有像王安石笔下的神童方仲永那样，因为天生拥有超过普通人的才华就沾沾自喜，不思进取。他以极度谦虚的姿态，一如既往地发奋努力，勤学不倦。

除此之外，他还到处拜访名师，求学上进。

他所选择的这些老师个个都是当世大家，名气非凡，重量级的名单有：毛先舒、陆繁弨、王士祯等。毛先舒是当时赫赫有名的“西泠十子”之一，而且与毛奇龄、毛际可两个人齐名，因而江南人称“浙中三毛，文中三豪”。至于王士祯更是了不起，作为当时诗坛的领袖人物，在整个江南独树一帜。

俗话说，名师出高徒。洪升不但有名师的指导，而且天赋出众，勤奋学习。二十岁左右，洪升已经创作完成了好几部诗词集，刚一出版，就赢得好评。这个时候，他可以算是正式的作家了。不过，作家在当时没有任何地位。

康熙三年（公元1664年）七月，在父母的主持下，他与青梅竹马的表妹黄惠幸福牵手。新娘黄惠是他舅父的女儿，两个人年龄仅相差一天。也许更让洪升庆幸的是，新娘还是个大才女，既会写诗填词，又能歌作曲。小两口不仅情投意合，而且志同道合。

功名之心人皆有之，洪升渴望参加科举考试，渴望身登龙门。

幸运的是，对于洪升而言，他可以免除低等选拔考试。在古代，作为干部子弟通常有一个特权，即无需参加童试、乡试和会试，就可以在国家高等学府——国子监入读，然后以监生的资格，直接参加进士科考试。

监生，就是国子监的学生，还分为好几大类。明清时的监生主要有如下几种：举监、贡监、荫监、例监。

举监，是指落榜举人被翰林院推荐到国子监做入读生；贡监，其对象是贡生，即那些优等秀才在国子监做入读生；荫监的对象是那些干部子弟，属于特权，当然名额有限；例监则需要交一定的钱，相当于花钱买资格。

很明显，洪升是一名荫监。

这是清朝干部子弟的特权，普通平民子弟自然享受不到，只能从最低级的考试阶段一步步煎熬。而事实是，历朝的众多高才生都被乡试甚至是童试这一关拒之门外，连会试都没资格，更不用说进士科考试了。

因而，洪升幸运地避免了这些繁杂的考试程序。

公元1668年，三年一度的科举考试即将举行。洪升告别了家人，匆匆进京赶考。这年他刚满二十四岁。

进考场容易，进官场却相当难。

考试过后，洪升就在首都国子监里等着放榜那天。可是令他失望的是，榜单公布那天，洪升并没能在上面看到自己的名字。

名落孙山，这是洪升难以接受的。他一向勤奋，又才华横溢，怎么会落榜呢？

洪升多少有点想不通。

失望之中，他离开了国子监，回到了老家杭州。

然而，回到杭州，他的生活也并不如意，尤其是在三年后，家里发生了一场“天伦之变”，这让洪升的人生更是雪上添霜。

起因并不复杂。由于青春年少，生活无忧又自负才情出众，洪升从小就养成了清高孤傲甚至狂狷不羁的性格。洪升听不进父母、老师的教诲，所作所为令父母失望，以至于在继母和庶弟的挑拨下被父亲死命狠打，被迫离家。

洪升顿时生活无着，举步维艰。他带着自己的小家庭，不得不搭建一个茅屋暂且容身。但是他没工作，吃饭成了大问题，尽管有邻居不时地接济一下，但他家还是会频繁断炊，常常有了上顿没下顿。

可想而知，洪升的生活艰难到何种地步。这也成了洪升人生中最为低谷和黑暗的一段日子。

实在熬不住了，洪升只好躲出杭州，又一次来到北京。

至少，在国子监里他可以领补助，而且还可以继续参加会考。一朝金榜题名，自己的生活也就不再那么艰难。再说，北京有自己认识的人，也有赏识自己的一些名人。

来北京刚两年，洪升就出版了自己的最新一部诗集——《啸月楼集》。这部诗集刚一面世，就受到诗坛人士的赞赏，比如他的恩师王士祯以及李天馥等社会名流，对他更是大加赏识。

由此，洪升的诗名大振，享誉京城。

然而，尽管他的才华有目共睹，但在考场上他却一再榜上无名。考了好几次，洪升都是名落孙山。

洪升如今都成了老监生。

他不得不凭着自己的那点名气，开始卖文为生。不过，尽管处于落魄境地，他依旧保持着那份傲岸的性格。具体表现在公共交际场所就是，他时常喜欢对权贵翻白眼。

对人翻白眼，这绝对是不礼貌的行为，只有狂人才这样做。落魄潦倒的洪升始终狂性不改。那么可想而知，他的日子自然不怎么好过。

求仕的道路任重道远，洪升只能披荆斩棘，艰难跋涉。

然而不幸的是，家庭变故又一次发生了。这次是他老爹有麻烦了。

康熙十八年（公元 1679 年）冬，洪升的父亲因为受人诬告，被发配到边疆进行十年期限的劳改。毕竟血浓于水，一听到这个消息，洪升立马在首都频繁奔走于各部门，向那些王公大人求情，希望能对自己老爹从轻发落。

洪升的奔走求情并没见效，但是幸好没多久，遇到皇帝大赦天下，他老爹幸运地沾了光，被赦免了罪行。这场事件缓和了父子之间的隔阂。

但是，洪升的科举之路依旧走得很不顺利。

二十年来，洪升一面在国子监复习，一面艰难谋生，但他始终与金榜题名无缘。但是，有一件事物却启发了洪升。

那就是戏曲——首都人民爱看戏曲，尤其是宫廷爱情剧更是比较吃香，这是当时非常流行的一种文化潮流。

因而，洪升将目光投向戏曲行业，并选择了唐明皇与杨贵妃的爱情故事作为创作题材。

其实，他早年曾有一部旧作叫《沉香亭》，是以唐玄宗、杨贵妃、李白为主要人物展开情节。现在，他在此基础上进行改写，并更名为《霓裳舞》，把主要情节放在皇帝和妃子的曲折爱情上。

经过潜心创作，直到康熙二十七年（公元1688年），他终于大功告成。不过，洪升并没有急于发表，而是以严谨的态度继续修改，总共修改三次后，他又将其改名为《长生殿》。

这年，传奇戏曲《长生殿》终于诞生了。

创作《长生殿》，洪升用了整整十年的时光，然而《长生殿》带给他的却不是鲜花和掌声，更不是单纯的荣誉。

剧本写完的第二年，洪升迫不及待地招了一批戏剧演员来排练自己的这部新作。八月份，《长生殿》一剧拉开了帷幕，正式在首都的大剧院公开上演。

没想到，这场初演就座无虚席，而且观众几乎都是社会各界名流。演出大获成功，好评如潮，一时成为新闻舆论界的“头版头条”。作为剧作家，洪升一下子红遍首都，他的名气更是如日中天。

由此产生的社会效应，更是轰动性的。

打这以后，整个首都的各大剧院，甚至是贵族宴会、酒店歌楼，纷纷点名要求上演《长生殿》，而那些戏剧演员的身价也陡然蹿升。每次上演时，据说观众简直能形成一堵堵巨大的“人墙”，演出结束后，掌声雷动。

一场格外耀眼的辉煌。

也许，这是洪升平生最为辉煌的时刻。在首都没有混出功名，但他还是混出了名堂。

然而，在短暂的辉煌过后，他的人生却陷入了困境。

谁也没注意到，这时正值孝懿皇后病逝一个多月，国丧期还没完全结束。古代皇权政府规定：凡是皇亲国戚崩亡，在国丧期间，全国上下各界臣民不得以任何理由，进行任何种类的娱乐活动。

但是这一回，大家确实忘了，完全是因为那部精彩绝伦的《长生殿》。

监察部门以国丧期间演戏为铁证，以“大不敬”罪名，对剧作家洪升、演员以及一批观剧名流进行了弹劾。所有在场的人，一律受到严肃处罚。

洪升首当其冲地成为核心审讯对象。

他被打进大牢，同时被国子监开除了身份。侍读学士朱典、赞善赵执信等人也都统统被革职。于是，当时流传这么一句话：“可怜一夜《长生殿》，断送功名到白头”。可见，也正是这部戏，不仅断送了洪升的进士梦，也断送了许多官员的大好前程。

洪升本来就与官场无缘，如今更引发祸端，不仅自己受苦，最要命的是连累了朋友。洪升内心的苦闷可想而知。

不过，康熙帝向来也爱好文学，因此没有对洪升过多追究，没多久就将他无罪释放了。

遇到这样一场大的变故，洪升很是悲愤，京城中的白眼使他难以安身，他不愿待在首都，便收拾行李，重新回到家乡杭州。

回到家乡，他与自己的《长生殿》更是受到欢迎。不久，江南提督张云翼将《长生殿》视为本省的文化“特产”，安排演出，一时当地观众蜂拥而来，场面轰动。

洪升有一个好友，名叫曹寅，此人就是曹雪芹的爷爷。康熙四十三年（公元1704年），曹寅召集了南北各界名流参加盛会，专门演出全本《长生殿》。洪升作为特邀嘉宾，单独享受特级包厢待遇。

据说，这场全本演出长达三天三夜，场面宏大，轰动一时。

没料到的是，洪升返回杭州途径乌镇时，酒醉后失足落水而死。但是那天，洪升终究是满载着自己的荣耀，离开了人世，没有任何遗憾。这个时候，这辈子已经值了。

蒲松龄：苦心人天不负，有志者事竟成

——“草根”出身的文坛巨擘

时代：清朝

落榜：10 次

职业：幕宾、塾师

成就：杰出文学家，代表作《聊斋志异》

他才学出众，写得一手好文章，却在科举之路上屡战屡败，无缘仕途。

他潜心创作，历经二十年心血创作的《聊斋志异》，被称为中国最伟大的短篇小说集。

他是蒲松龄。

蒲松龄出生于一个书香世家，祖上在元代还曾做过几代官，过着非常体面的生活，但到了清朝，蒲家已经衰败得不像样子。

由于家穷，到了蒲松龄的老爹这一辈，不得已下海做生意了。

其实，他老爹年轻时也曾参加过科考，但屡考不中，最终觉得自己不是当官的那块料，便早早明智地放弃了，选择了经商之道。

在古代，商人一般被瞧不起，地位低下。而蒲家老爹也顶多就是个小商贩，一天挣不了几两银子，但过日子也算宽裕。对他而言，经商属于无奈之举，做官才是他的终极梦想。这个重任就落在了蒲家后代蒲松龄的身上。

蒲松龄是家中的老三。他自幼聪颖，也喜欢读书，而且记忆力过人，过目不忘，他是蒲家的希望所在。在老爹的教导下，蒲松龄从小就被安排着专心读书，希望他能日后一举高中。

顺治十五年（公元 1658 年），蒲松龄十九岁，乡里举行童试，他踊跃报名参加。

这是蒲松龄平生第一次参加考试。童试在当时也叫郡试，一般考三场，过三关——县试、府试和院试。三场下来，连蒲松龄本人都没料到，自己的成绩居然出奇得好。这三级考试全都考了第一名，名列案首，一时轰动全乡。

其实，蒲松龄能被录取为案首，有一个很重要的因素是，他很幸运地遇到了伯乐。

这个伯乐就是主考官施闰章。施闰章是当时著名的文坛领袖，为“燕台七子”之一，同时名列“海内八大家”“清初六家”之内。他看文章的眼光和别的考官不同，他不喜欢官样的八股文。

因此，他阅卷时，看到蒲松龄的别出心裁的文章，不由为他的文采折服，赞不绝口。甚至在他的试卷上写下八字评语：观书如月，运笔如风。

观书如月，就是说这个考生读书非常透彻，理解非常清晰明白；运笔如风，则夸赞他写文章轻松如风，下笔酣畅淋漓。这个评语不可谓不高。

最终，在这位主考官的慧眼下，蒲松龄轻松夺冠，成为山东秀才第一名。蒲家自然脸面增光，大放鞭炮，为儿子庆贺。

然而，福无双至，祸不单行。

蒲松龄结婚后，妻子刘氏很讨婆母喜欢，引起了妯娌的嫉妒。时间一长，矛盾愈演愈烈。蒲松龄的两个哥哥都是秀才，但两个嫂子却是泼妇，为了一些鸡毛蒜皮的事，整天闹得全家鸡犬不宁。

老爹熬不住了，不耐烦地说："这个家还能继续住吗？"

妯娌不和，最终导致兄弟分家。兄弟四人，家产自然是一分为四，但是分得很不公平。上面有两个刁蛮嫂子，因此蒲松龄最终分得薄田二十亩，全是贫瘠的旱地；得到三间老房子，破得连门都没有。蒲松龄忍了，只好找堂兄借了几块门板，带着妻儿搬家了。

从此，蒲松龄只能在挨饿受寒中过日子了，个中辛酸，恐怕也只有他本人能体会。

尽管他考了第一名秀才，名声好听，但现在没钱缺粮的，养家糊口成了肩上重任，复习考试只能利用业余时间了。

三年后，他第一次参加乡试。这年他二十一岁。

第一名秀才去参加乡试，按理，没有哪个考生比他更有资格考中。蒲松龄自然也抱着这种稳操胜券的心理，他胸有成竹，信心满满。

然而，蒲松龄不知道的是，像施闰章那样的"前卫"的考官，在当时极少，根本不是主流。

乡试结束后，蒲松龄就坐在家里耐心等待，等待解元的头衔落在自己的头上。解元，是举人第一名，他自信完全有资格给自己这个"估分"。

不幸的是，成绩一下来，蒲松龄才发现考砸了。

这年，他榜上无名。蒲松龄既意外又失望，就像遭到一场突如其来的打击。

当然，一次打击还不足以彻底摧毁一个人的意志力。

之后的十年内，每次举行乡试，蒲松龄都没错过。他一场场地考下来，又一场场地名落孙山。

为了谋生，蒲松龄不得不找个工作来干。身为秀才，他选择了教书。

康熙四年（公元1665年），蒲松龄在第二次乡试落榜后，他在家乡的王村，申请做一名私塾老师。这年他二十六岁，每天面对的都是一些淘气的孩子，跟他们打交道，实在累心。古代的私塾老师，地位并不太高，工资也没多少，除非情非得已，通常没人愿意接这个活。

所以，私塾老师常被称为“教书匠”，有时也被戏称为“孩子王”。

蒲松龄尽管平生心高气傲，但在残酷的生存现实面前，还是勉强接受了这份工作。一直干到三十岁，他才换了一份新工作。

他有一个朋友叫孙蕙，担任宝应县知县。在他的聘请下，蒲松龄进入了地方政府机关，担任他的幕宾（秘书）。

不过，这份工作蒲松龄干得并不顺心。就在第二年，蒲松龄辞职了，他回到家乡，照旧做自己的教书匠。

蒲松龄从小就喜欢听鬼狐故事，读志怪小说。在教书工作之余，他就已经开始构思着写小说了。当然，客观而言，长篇小说太耗时了，他选择的是短篇小说。这个写作适合自己的业余时间。

他擅长写的是超现实主义的传奇故事，但是，平时能搜集到的材料却很有限，怎么办呢？

很快，蒲松龄就想到了一个主意。他在路边专门设了一个小摊，熬绿豆汤，并且声明是“非营利性”门面。

蒲松龄在门面前树立一个规定：只要有人给店主讲一个鬼怪故事，就可以免费喝一碗绿豆汤；而且谁讲得好，那份还会另加冰糖。

谁的肚里没有几个离奇的故事。路过的人一看，竟有这等好事，二话没说，纷纷坐在摊前，滔滔不绝地讲了起来。蒲松龄听得津津有味，当然，他也会跟这些讲故事的人闲聊，要求讲得更详细些。

就这样，绿豆汤很快就“卖”光了，他听到的故事也是一大摞一大摞的。

于是回到家，蒲松龄便别出心裁地给自己的书房取名为“聊斋”。就在这间聊斋里，他将白天听到的故事进行润色加工，用自己的生花妙笔，重叙一幕幕光怪陆离的神鬼故事。

蒲松龄一直在业余时间默默坚持着，笔耕不辍。

教书、写小说，每隔三年，他依旧按时参加科考。

然而，命运一再跟这位“潜力股”作家开玩笑，总让他陷于失落的境地。尤其是好几次，他完全都是输在了意外事件上。

康熙二十六年（公元1687年），蒲松龄有幸认识了大诗人王士祯。就在同年秋天，他第五次前去参加乡试，这年他已经四十八岁。

听说蒲松龄要参加乡试，王士祯主动帮他写了一份推荐信，希望主考官能对蒲松龄关照一二。蒲松龄当时就感激涕零，热泪盈眶。

一到考场，蒲松龄还在激动着呢。想到主考官会关照自己，这次说不定有希望高中举人。激动兴奋之下，蒲松龄文思泉涌，洋洋洒洒，笔走龙蛇。他写得飞快，第一页写完，就飞快一翻，连着把第二页也翻了过去，直接写到了第三页上。这就犯了“越幅”。当他反应过来时，已经迟了。

当时科举考试对文字形式有严格规定，作文不许超出限定栏外。每页只能写十二行，一行只能写二十五个字，而且要写完第一页再写第二页。违反了书写规则，就是“越幅”。考生犯了“越幅”之规，不但要取消录取资格，还得张榜公布。

事后，为了吸取教训，蒲松龄写了一首《大圣乐》词：

得意疾书，回头大错，此况何如！觉千瓢、冷汗沾衣，一缕魂飞出舍，痛痒全无。痴坐经时都是梦，念当局、从来不讳输。所堪恨者，莺花渐去，灯火仍辜。

嗒然垂首归去，何以见、江东父老乎？问前身何孽，人已彻骨，天尚含糊。闷里倾樽，愁中对月，欲击碎王家玉唾壶。无聊处，感关怀良友，为我欷歔。

由词中可见，当时蒲松龄就被吓得冷汗直冒，事后更是万分自责。

结果可想而知，主考官一打开试卷，还没看内容，光看到严重的越幅，当即就把他的试卷扔到纸篓里，给了个“鸭蛋”。

这种情况下，有推荐信也没用。

蒲松龄这次大为懊悔。后来，他又把这次事件写进了自己的《聊斋志异》中，自嘲说：“作老妈三十年，今日倒绷孩儿，亦复何说！”

这句话的表面意思是说，一个接生婆在这行干了一辈子，不想今天竟然把婴儿裹反了，自己还有啥话说。言下之意，无非是自责自己做了多年的考生，早就熟悉各种规定了，不想一朝竟大意疏忽，做了错事，只能自食其果了。

所以，在文末蒲松龄又给自己下了一个结论：“善骑者堕！”擅长骑马的人容易落马，就像善于游泳的人容易淹死。这句同样是在自嘲。

这次落榜，无疑对蒲松龄是一个无与伦比的严重打击。他沮丧地回家，继续做自己的教书匠。

几年后，他又按时参加了一次乡试。刚考过第一场，他的答卷十分出色，阅卷老师大为激赏，认为蒲松龄肯定能夺得头名，甚至还预定他为第一名。不料，这时蒲松龄突发急性痢疾，因为是传染病，当下就被隔离出去，也不能继续参加考试。结果，剩下的两场考试他都错过了，自然没能拿到第一。

一场急症，便让他前功尽弃。对于这次背运，蒲松龄写了一首《醉太平·庚午秋闱，二场再黜》：

风檐寒灯，谯楼短更。呻吟直到天明，伴偪强老兵。

萧条无成，熬场半生。回头自笑蒙腾，将孩儿倒绷。

在考场上由于病痛呻吟，尽管自己倔强坚持，但还是没有考完，只剩下苦笑而已。

此后，又是十多年的煎熬，蒲松龄始终不愿放弃凭科举获得功名的机会，却始终无缘仕途。但是一扇门向他关闭了，另一扇门却向他敞开。

这扇门，便是让他成为一名伟大的作家。

四十多岁时，蒲松龄的那部精雕细刻的短篇小说集初稿完成，他不无激动地取名为《聊斋志异》。《聊斋志异》的艺术成就很高，它成功地塑造了众多的艺术典型，人物形象鲜明生动，故事情节曲折离奇，结构布局严谨巧妙，文笔简练，描写细腻，堪称中国古典短篇小说的高峰。

蒲松龄的初稿刚一完成，就被同乡好友王士祯拿去借阅，还受到了他的高度赞扬。不但如此，王士祯还主动为这部小说稿题写了一首序诗：

姑妄言之妄听之，豆棚瓜架雨如丝。

料应厌作人间语，爱听秋坟鬼唱诗。

这无疑是对这位未来的大作家的百分百肯定。

此后，蒲松龄一边教书，一边继续创作这部小说，力求尽善尽美。此外，他还惦记着三年一度的乡试。

不知是功夫不够，还是造化弄人，然而即便是这些失败带给蒲松龄莫大的挫折，即便他曾无数次发下狠誓，说再也不参加科考。

然而，他并没有做到。他始终不愿放弃凭科举而得功名的机会。

直到五十多岁，蒲松龄依然没能放弃科考。家里的老婆不耐烦了，就对他说："我看，你还是算了吧。如果命中享福，那么今天早就应该是宰相了，还能是个老秀才吗？"

一听这话，蒲松龄这才释怀，不再那么热心科考了。

不再热心，并不等于他放弃了。据专家考证，蒲松龄没有彻底放弃，此后又考过两次乡试，但依旧是落榜。

在彻底的绝望之中，他终于放弃了。

几年后，蒲松龄七十二岁时，不知什么缘故，他被当地政府选为"岁贡生"，获得被保送到国子监入读的资格，此后也就可以直接做官。

这勉强算是命运对这位老秀才迟来的安慰奖吧。

但这份"小奖"，无论如何，怎么能比得上那部伟大的《聊斋志异》。四年后，这位草根作家溘然长逝，身后留下的则是一份长久的荣誉。

假如，当初蒲松龄一举高中，金榜题名，他还会摆摊子听乡下故事？还会有精力和兴趣写小说吗？恐怕，我们就永远看不到那部精彩的超现实主义小说。

唯一庆幸的是，清朝少了一名进士、一名公务员，却多了一位伟大的小说家。

“同是天涯落榜人”QQ讨论群

张继：这次科考我落榜了，愁得我天天失眠。

贾岛：我更惨，穷得吃不上饭住不起客栈，只好去庙里当和尚。每天念经、读书、作诗。

柳永：我落榜后写词发了发牢骚，结果皇帝老儿决定以后不录用我，害得我只能“奉旨填词“。

李时珍：我落榜两次了，都快得“考场恐惧症”了，这次要是再考不上我就改行学医去。

蒲松龄：我好不容易在考场上文思泉涌了一把，结果一激动，“越幅”了，还被取消了录取资格。

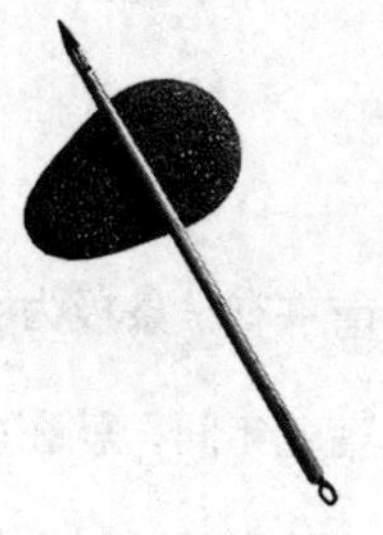

吴敬梓：嬉笑怒骂，入木三分

——反对科举考试的小说家

时代：清朝

落榜：1次

职业：自由职业者

成就：著名讽刺作家、小说家

南京有一条极为香艳的著名河流，叫秦淮河。

雍乾年间，就在南京这条秦淮河畔碧波荡漾的桨声灯影里，长年寄宿着一位风流放诞的科考落榜生。他还因此给自己取了个绰号，叫“秦淮寓客”。

这位神秘的秦淮寓客，真实姓名叫吴敬梓。

秦淮河畔，向来被视为“金陵佳丽地”，是明清两代声名远扬的风月场所，青楼林立、歌馆遍布。而这处烟花巷陌的对面，矗立的则是一座无比庄严的江南贡院。

贡院，就是古代的考场；江南贡院，则是南京城最大的专设考场。

所以，在贡院与秦淮青楼之间来往穿梭的，自然是来自四方的考生。而“秦淮寓客”吴敬梓，当年也曾是芸芸考生中的一员。

可惜，他最终落榜了，没能“春风得意马蹄疾，一日看尽长安花”。

吴敬梓并非南京人，而是安徽人。吴敬梓出身于缙绅世家，又是书香门第。家族世代为官，个个都是知识分子，不是进士，就是贡士、秀才。

据考证，他的曾祖在顺治年间曾考中探花（进士一甲第三名），祖父一辈在康熙年间考中榜眼（进士一甲第二名），这个家族在六十年间，考中进士以及当上国家干部的，就有十四五位，还不算贡生、秀才这类的成员。

据说，吴家是“一门两鼎甲，三代六进士”，羡煞旁人。

所以，吴敬梓不仅是个干部子弟，还是高级知识分子后裔。这种先天优越的条件，让吴敬梓拥有相当优越的成长环境。

吴敬梓的伯父吴霖起没有生育，一直想要个儿子。所以，吴敬梓在很小的时候，就被过继给了伯父吴霖起，从此他便管伯父叫老爹。

这位新老爹是一位拔贡生。拔贡，是清朝另一种特殊的科举制度，最初每六年开考一次，后来每十二年才考一次，机会实在难得。吴敬梓的老爹有幸考中拔贡生，由此被分配到江苏赣榆县担任教谕（相当于县教育局教导主任）。

这年，吴敬梓刚十四岁。

于是，他跟随老爹，从安徽搬家到江苏。有了安定的环境，吴敬梓得以安心读书。自然，老爹对这个儿子抱着殷切的期盼，希望他继承吴家的一贯传统，将来金榜题名，继续给吴家的“功名榜”添砖加瓦。

幸好，吴敬梓没有让老爹失望。他不仅聪明好学，还有过目不忘的高超本事。只要他翻过哪本书，一合上，他就能滔滔不绝、一字不差地背诵下来。这让老爹大为欣慰，认为自己后继有人。

由于老爹对吴敬梓寄予厚望，每次参加高级宴会时，他都会带上这个儿子，让他从小就能见世面、长见识。

有一次，吴敬梓跟随老爹前去参加一场盛会，地点在赣榆县城的一所高阁中。这场盛会是一次滕王阁式的盛宴，座中大多是文坛的名流大腕，难免要吟诗作赋。

就在盛会期间，这位十多岁的少年登场了。

他像当年的王勃那样，站在高阁上，不假思索，当场写下了这首《观海》：

浩荡天无极，潮声动地来。鹏溟流陇域，蜃市作楼台。

齐鲁金泥没，乾坤玉阙开。少年多意气，高阁坐衔杯。

这首诗想象奇诡、气势壮观，跟杜甫的那首《望岳》完全可以比肩。而且，诗中也表露了这位小诗人的意气风发的少年壮怀，这都预示这个少年将来必然不是泛泛之辈。

众人传阅后，当即赞不绝口，纷纷夸这个少年才华过人、非同小可，将来一定前途无量。

少年才子的名声，很快就传遍家乡以及整个江苏。

他老爹为官清廉、鞠躬尽瘁，却并不善于巴结上司。因而，几年后就被人排挤出局，撤职罢官。老爹遭受的这种不公待遇，也让吴敬梓这位少年很早就对官场的腐败有了切身的体会。

尽管如此，老爹还是一直努力呵护着自己这个儿子。所以，在吴敬梓十六岁那年，就早早完成了婚姻大事。两年后，十八岁的吴敬梓返回原籍，赶去参加童试。

考试刚一结束，成绩还没公布出来，他就得到一个消息：老丈人去世了。按照礼节，他得回去料理丧事。

刚办完丈人的丧事不久，考试成绩就公布了。吴敬梓顺利过关，榜上有名，考中了秀才。

这个荣誉虽然跟进士科的金榜题名不能相提并论，但好歹也算是吴敬梓有了功名身份，这意味着他有了国家栋梁的“候补”资格。无疑，这个美好的开端，给了吴家一个美好的希望和憧憬。

在苦读中，吴敬梓等候着三年后那场乡试。

三年的寒窗光阴是漫长的，更是一种煎熬。

公元1722年，吴敬梓加入科考大潮，急匆匆赶往江苏省城南京。目的地，就是秦淮河对岸的江南贡院。

从明太祖朱元璋建国开始，每年的乡试和会试都在这所贡院举行。之后，明成祖朱棣迁都北京，这所江南贡院仍然有效，只不过职能缩小了一点，变成了乡试地点。

此后，这所考场一再扩建，到了清朝同治年间，江南贡院的占地面积为30万平方米，其中设置考试号舍20644间，成为苏皖两省的乡试考场。

每当桂子飘香之际，这两省的秀才们蜂拥而至，吴敬梓自然也是其中一员。

考试结束，剩下的就是等候公布成绩。

比起考试，等候似乎更是一种煎熬。为了打发等候成绩的无聊和焦虑，众多考生都不约而同地涌向了对面的秦淮河畔，钻进了灯红酒绿的烟花巷。

这其中，就有吴敬梓。

吴敬梓是个干部子弟，家里压根不缺钱。来南京时，他早就带足了银两，完全够他挥霍个一年半载。

当然，古代的青楼并不仅仅是色情场所，还是个文化休闲场所。如果顾客够品位，在这里，不仅可以领略莺歌燕舞，还能与秦淮名妓进行精神交流，一起品茗赏画，谈论诗词歌赋。

很快，公布榜单的日子就要到来了。张榜那天，夫子庙附近涌来了众多考生，跟赶考那天几乎一样多，一样拥挤。看过榜单后，有欣喜若狂的，也有沮丧失意的，甚至还有号啕大哭的。

很不幸，吴敬梓属于沮丧失意的那一群考生。他名落孙山了。

榜上有名的考生，通常会赶往首都，参加下一年春天的会试。而落榜的考生，往往会收拾铺盖，打道回府，回老家继续复读。

但是，落榜生吴敬梓并没有选择打道回府，而是选择了待在秦淮河畔，在这里租了一间房屋，而且还是长租。

他没有太在乎这次落榜，徜徉在秦淮河畔，他一边休闲，一边在观察，以一个未来小说家的目光。他开始构思自己的小说，这里面需要更多的角色、更丰富的材料。

然而，这种优哉游哉的生活并没有持续太久，就在第二年，吴敬梓得到了一个噩耗：老爹去世了。震惊之下，吴敬梓再也无心悠闲，立马收拾行李，日夜兼程赶回家去奔丧。这年他二十三岁。

丧事处理后，悲伤还没平息，一场更大的风波却出现了。

老爹吴霖起死后留下了二万多两银钱，换算成今天的人民币，相当于几百万元，这可是笔巨额财产，任谁都眼红。

吴敬梓顺理成章成了这笔遗产的法定继承人。

吴敬梓自小花钱就大手大脚，自从继承了这笔财产，更是慷慨大方。他非但不会用钱生钱，反而一味地结交朋友，时常大摆筵席，昼夜纵酒豪歌，随意挥霍，一掷千金。要是遇到哪个朋友有急难，他二话不说，主动解囊，急别人之所急。

不到几年间，老爹的那份遗产就被吴敬梓花去了一半。

这下，吴敬梓的这种“豪放派”行为，引起了吴霖起家族的集体不满，纷纷指责他是个败家子，认为他只是个养子，没资格这样浪费吴家钱财，并要求分家产。

吴敬梓是个读书人，这时作为众矢之的，可谓寡不敌众，压根就扛不住整个家族的强夺。结果，老爹这份遗产被族人集体瓜分了，给吴敬梓留下了仅仅几千两银子。

这场变故，让他看清了在金钱面前，伦理道德是多么脆弱，以及那些伪善者的丑陋嘴脸。

于是几年后，吴敬梓毫不留恋地离开了家乡，搬去了省城南京。这年他三十二岁，已过而立之年。

搬到南京，他仍旧选择了秦淮河畔作为住处。当然，他并非为了方便参加科举，而是方便他打听形形色色的科场故事。

在秦淮河畔，吴敬梓最终长久地定居在白板桥西。但他依旧给自己取名为“秦淮寓客”，将自己视为一名外乡人。

这时，当初的干部子弟、富家公子吴敬梓，已经沦为一介贫寒的知识分子了。生活贫困，他不得不卖文为生。不过，他向来的豪放派作风依旧没变，仍然喜欢结交文坛朋友，时常请人下馆子，纵酒豪饮。由于这种江湖豪气，吴敬梓的人缘极好，大家纷纷将他推举为“金陵盟主”，他也毫不客气地领受了。

几年之间，吴敬梓就成了响当当的江南名士。

公元1736年，政府领导换届，雍正驾崩，乾隆即位。新官上任三把火，新领导也一样。乾隆皇帝下令，要在首都举行一场全国性考试，声明原则是公平、公开、公正，这将是有史以来最开明的大考，力求选拔真正的人才。

安徽巡抚赵国麟等一批高干知识分子，早就听说吴敬梓是文坛豪杰，就联名写举荐信，并力劝他前去参加这场百年难遇的考试。

但是，吴敬梓早已无意于功名，更不愿把人生浪费在考场上。他找了个借口，说自己有严重的消渴症，拒绝了对方的好意。消渴症可是个传染病，一听这样，对方的热情一下子冷却了。最终，吴敬梓如愿没有去参加这次大考。

据说，有一天，吴敬梓的好友金兆燕前来登门造访，他正在写小说稿子，只好搁笔，两个人一边喝酒，一边叙旧。好友问他为何要拒绝考试，不去当官。

吴敬梓嘻嘻一笑，朝着对面的墙壁指了指。

金兆燕一瞧，只见墙壁上挂着八根丝线，每根线上分别系着臭虫、蚊子等。吴敬梓一直在笑，这个好友细细思量了一番，这才恍然大悟：“贤兄不肯赶考的原因，我终于知道了！”

原来，吴敬梓所指的东西，其实就是所痛恨的“八股”和“功名”。

吴敬梓用自己的行动，表明了他鄙视科举制度的观念。从此，他不仅拒绝考试，而且还用犀利的笔锋对科举制度进行毫不客气的批判。

从三十多岁开始，直到五十岁，一部充满讽刺幽默的《儒林外史》，最终从吴敬梓的笔下诞生了。《儒林外史》代表着中国古代讽刺小说的高峰，它开创了以小说直接评价现实生活的范例。据说，这部小说被视为“帝国的最后一瞥”。而其中形形色色的人物角色，都统统倒映在当年那条充满浓浓胭脂味的秦淮河里。

龚自珍：我劝天公重抖擞

——久被科场埋没的浪漫奇才

时代：晚清

落榜：7次

职业：内阁中书、礼部主事

成就：诗人、思想家、改良主义先驱

浩荡离愁白日斜，吟鞭东指即天涯。

落红不是无情物，化作春泥更护花。

这是一首著名的绝句，写得如此豪放而多情。诗中描绘的是一副游子浪迹天涯的画面，但绝无消极之情，连忧伤都是那么气势浩荡，甚至连落花这样感伤的意象，都被赋予了一种前所未有的大无畏的正义牺牲精神。

尽管怀才不遇，却绝不随世浮沉，在风雨飘摇中，一如既往地追求自己的理想。

因此，“落红不是无情物，化作春泥更护花”这两句成为广为流传的名句，时常被人们挂在嘴边。

却很少有人知道，这首诗乃是一位清朝落榜生的杰作。这个落榜生，就是清代杰出的思想家、诗人、文学家和改良主义的先驱者——龚自珍。

他是一位公认的高才生，他的诗文揭露清朝统治者的腐败，字里行间洋溢着浓烈的爱国情怀。连近代的大诗人柳亚子都对龚自珍佩服得五体投地，将他誉为“三百年来第一流”。

然而谁能想到，这位奇才当年却在科场中屡屡失意。但是他与其他落榜生不同，越是失意，他却越是能激情昂扬。

其实，龚自珍给后人留下的最典型的形象，恐怕就是一个满腹才华的“愤青”。在世人的印象中，他似乎永远是携着一箫一剑，天涯海角四处漂泊，散发着豪迈的浪漫之气。这点有诗为证，他晚年曾总结式地给自己写过一首《漫感》：

绝域从军计惘然，东南幽恨满词笺。

一箫一剑平生意，负尽狂名十五年。

就像一副大写意自画像，一个浪漫狂生的形象跃然纸上。

龚自珍是浙江杭州人，出生在一个世族书香和五代官宦的家庭。出生之时，龚家作为豪门，历史已长达四百年；而祖父辈几乎个个都曾在中央做官任职，也持续了近一个世纪。

他的祖父、叔祖、父亲以及叔父都是进士出身，属于高级知识分子，而龚氏一门在首都中央机构留下的佳话不少，至少有三点：第一，祖父兄弟两个人同在中央机关任职，时称“二龚”；第二，他的爷爷与老爹都曾担任军机处章京，虽然还够不上国家总理的地位，却也有“小军机”的称号；第三，他的老爹与叔叔都做过主考官，风光一时。

更为难得的是，龚自珍身为龚家长房长孙，因而，龚家对他的培养也就格外重视，格外花心思。刚满六岁时，龚自珍的老爹被调到中央部门，于是他跟随父母，一家搬到了繁华的首都北京居住。

俗话说：“家长是孩子的第一位老师。”更何况他老爹龚丽正还是一名高级知识分子。所以，在龚自珍幼年时，老爹就成了他的知识启蒙老师。

其实，除了他的老爹，他的老妈也是一名知识分子，他的外公段玉裁还是一名汉学大师。在母亲的教导下，他从小就接触吴伟业的诗歌，以及桐城派方苞、刘大櫆的散文。

到了十二岁时，龚自珍又跟随外公段玉裁学习《说文解字》。此外，老爹还为他专门聘请了京城名师宋璠，当他的家庭教师。

据说，龚自珍十三岁时就写了一篇《水仙花赋》，一下子赢得父母和老师的夸奖；十四岁时，他就能考订古今官职制度；十六岁时，他就已经在博览《四库全书总目提要》；到了十七岁时，龚自珍就在收集石刻，攻读金石文字。

光凭这份早年“简历”，就足见龚自珍是一位罕见的早熟天才！

作为干部子弟，而且老爹还是中央官员，龚自珍自然可以顺利地获得荫监的资格，在国子监就读。所以，他可以直接参加乡试，而不必先参加童试的秀才选拔。

嘉庆十六年（公元 1811 年）的秋天，在家人和老师的要求下，十九岁的龚自珍准备去参加顺天府乡试。

这是龚自珍平生面临的最重要的大事。但对于年少才高的龚自珍而言，他胸有成竹，志在必得。

三场下来，他兴冲冲地出了考场，满怀期待地等着好消息。漫长的半个月之后，已是桂花飘香的八月底，贡院门外张贴黄榜，公布成绩名单。

看榜的考生蜂拥而至，龚自珍自然也急切地加入到这个队伍中。

龚自珍从上往下，一个字都不敢漏过，没想到最终却是在副榜上看到了自己的名字，名列第二十八名。

名单在副榜上，意味着被排除在正榜之列。这样的结果，作为一名高才生，龚自珍难免失落。

不过，还有点补救。作为干部子弟，龚自珍拥有副榜贡生的资格，由此就可以考取武英殿校录（即皇家图书馆的小职员）一职，这是政府对干部子弟的额外待遇。

然而，这样的额外待遇，并不能令龚自珍开心，他不稀罕这种“打折”的荣誉。

不久，他要离开首都了，因为他老爹被调任为徽州知府，他也得跟着家人南下。

就在当年，龚自珍完成了自己的婚姻大事，迎娶了表妹段美贞。

这年，这对新婚夫妇选择去杭州西湖度蜜月，而杭州也正是龚自珍的家乡。这对新人泛舟西湖，新郎作了一首《湘月》：

天风吹我，堕湖山一角，果然清丽。曾是东华生小客，回首苍茫无际。屠狗功名，雕龙文卷，岂是平生意？乡亲苏小，定应笑我非计。

才见一抹斜阳，半堤春草，顿惹清愁起。罗袜音尘何处觅？渺渺予怀孤寄。怨去吹萧，狂来说剑，两样消魂味。两般春梦，橹声荡入云水。

这是一首愤青之词，也是龚自珍的代表作之一，而且前面还有一段小序：壬申夏泛舟西湖，述怀有赋。时予别杭州盖十年矣。

可见，龚自珍这时离开家乡已经十年了。

在词中，龚自珍除了欣赏美景外，毫不隐讳地表露了自己的高傲，以及对功名科考毫不在意：屠狗功名，雕龙问卷，怎么能算是自己的远大理想呢?

不过，这也仅仅是他一时的愤懑之情而已，越是才华出众的年轻人，胸中的青云之志越盛，他们渴望建功立业，大展宏图。

两年后，即公元1813年，听说顺天府提前举行乡试。龚自珍忍不住了，立即辞别家人，带着简单的行囊前往京城。

可惜，这次考试成绩公布出来，龚自珍依旧是榜上无名。

接连两次考场失利，这令心高气傲的龚自珍一时间难以接受。

然而祸不单行，就在他为再度落榜郁闷不已时，一个噩耗突然从家乡传来：老婆顾美贞因病卧床，竟然在庸医的误诊下，不治身亡。

落榜和丧妻，双重的打击令龚自珍难以承受。悲愤之下，龚自珍匆忙南下赶回老家，一面处理老婆的后世，一面跟那个庸医算账。

此后，龚自珍只好暂且跟着老爹在徽州一起生活，帮助他编修当地县志。两年后，老爹又给他张罗了一门亲事。续弦夫人何氏也是书香门第之后，与龚自珍门当户对，又有共同语言，两个人的婚姻也算是具有牢固的保障。

但是没多久，龚自珍的爷爷去世，龚自珍不得不奔回老家杭州守孝。守孝期满后，龚自珍很快又北上来到首都，暂时寄宿在法源寺南边，因为他惦记着科举乡试，一直为上次的落榜而心有不甘。

公元1818年，刚好是嘉庆皇帝六十大寿。国家最高领导的生日，自然就是国家大事，于是政府额外加了一次考试，这叫“恩科”，表示给全国考生（包括落榜生）多一次机会。身在北京的龚自珍，自然没有错过这次大好良机。

也幸亏这次恩科，让龚自珍终于得意了一把。这次成绩公布出来，他考中了第四名，虽然不是前三名，却也算是名列前茅。

他正式成为举人。这年他已经二十七岁。

乡试之后就是会试，也叫春闱。考试地点仍然是首都北京。第二年春天，会试开考，龚自珍激情万丈地走进考场。俗话说“希望越大，失望越大”，很不幸，放榜那天，他等到的却是命运给他的又一次无情的打击。

第一次会试，龚自珍黯然落榜。但他并没有一蹶不振，他待在北京，等候下一场会试。在这期间，他照旧过着纵情诗酒的日子。

公元 1820 年三月，龚自珍照旧踏进了考场。四月十五日，到了成绩公布那天，龚自珍失望地发现，自己依旧榜上无名。

不过，他好歹还有一个精神补偿。龚自珍以举人的身份，被选拔为内阁中书，之后又担任国史馆校对。

期间，首都举行会试时，尽管已经参加了工作，龚自珍依旧有资格参加。这种情形，差不多就跟今天的成人高考一样。

没成想，一连考了好几次，龚自珍都是以落榜而告终。

直到公元 1829 年春天，龚自珍这是第六次参加会试了。据说，这次的两位主考官分别是王植和温平书，他们俩早就听说龚自珍的文才与大名。而且主考官得知他是浙江有名的狂生，前几回考试下来，也熟悉他偏激的文风，清楚他的作文是一次比一次还要尖刻。

这次他们阅卷时，龚自珍的文风仍是一如既往的犀利，两位主考官怕了，担心他越骂越厉害。终于熬不住了，他们索性慷慨地给了他一个名额。

于是，这次龚自珍总算过关，终于金榜题名。这年他已是三十八岁。

一般而言，上榜的考生对主考官都会感恩戴德，至少送一份薄礼意思意思。

但是，狂生就是狂生，龚自珍并不怎么买帐。事后有人问他他的主考恩师是谁，龚自珍不屑一顾地回答：“太稀奇了，听说那个家伙叫王植，竟然是个无名之辈！”这位主考官听说这番话后，甚是郁闷。

考中贡士，最后一关就是殿试。殿试中皇帝亲自出题，只是排名次而已，并不会刷人。因而，考生一旦会试过关，考中贡士，本质上就已经算是进士了。

殿试考的是对策。龚自珍一副慷慨激昂的样子，拿出改革家的派头，效仿王安石当年给宋仁宗的上书，洋洋洒洒写了一篇激情万丈的政论文，针砭时弊，毫无遮拦。阅卷老师们一看，纷纷大吃一惊，不敢看下去。最终，龚自珍的名次被排到了倒数几位。

官场从来不怎么喜欢愣头青。

所以殿试后，龚自珍最终没能进入翰林院上班，只能继续做原来的那份文员工作。

一位率直的书生，浪漫的侠士气概十足，完全就是中国封建末期的一位“堂吉诃德”。无疑，官场不是他的天地，而是他的囚笼。果然没几年，他就多次遭受到或明或暗的排挤和打压。

道光十九年（公元1839年），龚自珍以父母年事已高，须侍奉双亲为由，辞去职务，南归老家。

离开首都时，他只身一人，雇了两辆车，悄悄地走了，其中一辆车满载的是他平时的百卷诗文。就在返杭途中，龚自珍写下了一部大名鼎鼎的诗集——《己亥杂诗》，数量达三百一十五首。其中最著名的就是他在途径镇江北固山时，写的第二百二十首：

九州生气恃风雷，万马齐喑究可哀。

我劝天公重抖擞，不拘一格降人才。

一副傲然的形象油然而生，那种居高临下对当世的指责和批评，更显示了这位浪漫诗人的豪气以及开阔的胸襟。也正是在考场与官场的一次次失意中，龚自珍以数不胜数、才气横溢的杰作，展现了其罕见的天纵之才。

他终究是一位书生，而不是政治领导。就在万马齐喑的时代中，清王朝正在渐渐走向没落，走向拉下帷幕的那一刻。

左宗棠：身无半文，心忧天下

——曾经三届落榜的钦差大臣

时代：清末

落榜：3 次

职业：塾师、幕僚、湘军统帅、军机大臣

成就：政治家、军事家、“洋务派”代表

虽说江南多才子，但通常大都指的是江浙一带，古称为“吴越”。不过，这么说，湖南人可就不高兴了。

湖南有一座著名高等学府，湖南大学，其前身就是宋朝四大书院之一——岳麓书院。在岳麓书院的正门，至今还挂着那副傲然而耀眼的楹联。不要看字数少，但口气很大，睥睨一切。

上联是：于斯为盛；下联是：惟楚有才。横批：岳麓书院。

上下联合起来的意思很明显，就是说，普天之下，我们湖南这个地方是最好的风水宝地，而且只有我们湖南才出产人才。

这副楹联的口气虽大，但是人家也不是瞎说的，事实上，湖南在历朝历代，的确人才济济。

其中一人就是左宗棠。而且，他本人就曾就读于长沙岳麓书院。

不过，这位大名鼎鼎的高才生，却曾是一位不折不扣的落榜生。

左宗棠出生于书香之家，他的老爹左观澜是个知识分子，有很好的学问及修养。

作为高才生，左宗棠从小聪颖过人，能将其他同龄学生拉一大截，史书上也是这么记载的。

四岁时，他就在爷爷左人锦的督促下，背诵唐诗宋词，甚至还有唐宋八大家的文章；五岁时，他就被老爹带到省城长沙去读书。

不仅如此，左宗棠还在少年时，就已经是一名胸怀理想的有志少年。

道光七年（公元1827年），左宗棠刚满十五岁。这年他参加了长沙童试。

很顺利，成绩公布出来，他位居第二，差点就是案首。左宗棠有了秀才身份，而且成绩名列前茅，全家自然十分高兴。

然而好景不长，两年内，他的父母就先后离世。从此，左宗棠与二哥左宗植相依为命（原本兄弟三人，他大哥先于父母不幸早逝）。

由于在守丧期间，根据政府规定，这类学生不许参加考试。所以左宗棠只能等待下一轮。

公元1830年，左宗棠选择入读长沙城南书院，校长贺熙龄非常赏识他。校长的哥哥贺长龄藏书丰富，拥有私人图书馆，这给了左宗棠良好的阅读机会。由此，他在图书馆中埋头苦读了一年。同时，他也经常关注一些实用知识，这正是他不同于普通学生的地方。

第二年，在贺校长的建议下，左宗棠转到了岳麓书院就读。因为这是长沙最好的一座学府，更是人才济济。这座学校更适合左宗棠这样的优秀学生。

岳麓书院里分设的学科繁多，他选择了其中的湘水校经堂，这是个新办学科，兼顾文史和实务，主要培养经世致用的人才。这点也是左宗棠选择这里的理由。

学校里不时会进行摸底考试，测试学生们的学习情况。这年岳麓书院总共进行了七次摸底考试，而左宗棠居然七次都拿了第一，一时轰动全校乃至整个省城。

左宗棠果然是个名副其实的尖子生。那么，科举考试对于他而言，更是不在话下。

公元1832年，省城长沙举行乡试。

左宗棠与哥哥左宗植一块去参加。据说，这年有5000名长沙考生，而左宗棠则是其中的拔尖生，他意气风发地走进了长沙贡院。

三场紧张的考试下来，左宗棠兄弟二人走出考场，终于松了一口气。

这次考试，左宗棠的文章虽然写得很漂亮，但有一个瑕疵，就是没有完全按照格式要求。因此在批阅中，阅卷老师给他试卷打上“欠通顺”三字批语。于是，左宗棠的考卷被打入“弃卷”之列。

严格来说，左宗棠这次应该是没戏了。

幸运的是，这年刚好是国家领导生日——道光皇帝五十大寿。所以今年的科考属于恩科，政府教育部特例宽大为怀，不许遗漏一个人才，考官就从“弃卷”中再次择优录取，最后将左宗棠的那份试卷捞了出来。

所以，这次乡试结果出来，左宗棠勉强上榜，名列十八。

好险，左宗棠终究还算是过关，成了举人。至于他哥哥的成绩，也许是吉星高照，这次居然考中解元，名列第一，比弟弟要高许多。

双双中榜，兄弟俩自然是互相庆贺一番，然后准备着下一年会试。

就在第二年鸟语花香的季节，春闱期临近，北京的会试就要开考。左宗棠兄弟俩一同赶往北京，被安排在湖南会馆里。

这是长在江南的两兄弟第一次进京，一切在他们眼中，都显得那么陌生而新鲜。

首先就是与众不同的考场。首都会试的考场比长沙乡试考场自然要气派得多，而且更加严密，为了防止作弊，考场四周墙壁全插上了荆棘。因而，首都考场也被考生们戏称为“棘院”或“棘闱”。

考试结束后，两兄弟等待着成绩公布。

半个多月后，黄榜在贡院门外才迟迟张贴出来。左宗棠兄弟俩看榜归来，双双叹气。

两个人竟然都名落孙山，这似乎太过于意外。尤其是哥哥，去年的解元，如今却名落孙山。总之，在偌大的北京城里，兄弟俩沦为一对不折不扣的难兄难弟。

不过在考试期间，左宗棠有幸交了一个新朋友，也是他未来的大贵人。

此人叫胡林翼，是他的老乡，同样也是个高才生，日后更是成了湘军头领。他曾推荐过许多人才，比如左宗棠、李鸿章、阎敬铭等。

这次落榜后，兄弟俩不得不打道回府，离开首都，回到家乡继续复读。

道光十五年（公元 1835 年），教育部举行的全国会试马上就要到了，左宗棠再次急匆匆地进京赶考。左宗棠这次发挥很好，没有出现什么差错。但没想到，阅卷中却出现了一次意外。

会考规定，全国考生按照省籍划分来分配录取名额，因而各省录取时都有固定的比例，也就是说，每个省的考生录取率是提前确定的。在初次阅卷中，左宗棠的试卷被列为第十五名。谁知，就在公布成绩榜时，那位神经大条的主考官却突然发现，湖南考生名额怎么超出了一个。

于是，考官决定删掉一个。被删的这个名额碰巧就是左宗棠，他硬是被取消了进士资格。

事后，主考官给了他一个“誊录”的职位，算是精神补偿。誊录的主要工作是为编撰皇帝实录担任抄写工作，即相当于文书之类。虽然将来如果表现好，也能外放做小官，但左宗棠并不甘心只做一个毫无价值的记录员。郁闷的他索性直接打道回府，准备第三次科考。

尽管是两届落榜生，但左宗棠的才名早就传遍了整个江南。尤其是湖南巡抚吴荣光，格外赏识左宗棠的才华。因而就在落榜第二年，吴荣光特意聘他为醴陵县渌江书院的教师。

堂堂巡抚大人这么给面子，同时也是为了谋生，左宗棠爽快地答应了，暂且做了一名老师。

在这期间，当时赫赫有名的封疆大吏陶澍前来视察醴陵县。左宗棠不失时机地极力展示自己的高超才华，为这位中央干部题写了一副对联：

春殿语从容，廿载家山印心石在；

大江流日夜，八州子弟翘首公归。

谁都喜欢听奉承的话，尤其是当官的。当下，这位撰联者就被夸为一世奇才！

更令人惊讶的是，这位中央高官后来竟主动提出跟左宗棠联姻，也就是俗称的“结娃娃亲”。于是，两个人就成了儿女亲家，一时成为全国头版花边新闻！

虽然左宗棠已经参加了工作，但他仍旧没有忘记科考这回事。他总希望，能够通过这条道路进入政界，由此实现自己的远大抱负。这也是他给自己选择的人生道路。

因此，道光十八年（公元1838年），首都举行会试时，左宗棠当即停薪留职请了长假，急切地前去应考。

这已是他第三次参加会试。

不用说，左宗棠是抱着最好的愿望，做着最差的打算。两次落榜，已经在他的心里留下了巨大的压力。

考试结束，对于左宗棠而言，这意味着又是一场煎熬般的漫长等候。

成绩公布后，左宗棠差点要吐血了，这次又是榜上无名！接连三次的落榜的打击，无论哪个考生都很难坦然承受，更何况是左宗棠这样自负的高才生。而且这时，他已经接近而立之年了。

一气之下，左宗棠发誓再也不参加科考了。他一度打算回家种田务农，隐居乡下。

然而，对于一位心怀理想的有志青年来说，这显然是不可能的事。

公元1851年，太平天国起义爆发。第二年，战火就蔓延到长沙，湖南省城岌岌可危。在湖南巡抚张亮基的聘请和胡林翼的诚恳相劝下，这位隐居乡下的“农民”没有袖手旁观，终于出山了。

由此，左宗棠做了张亮基的幕僚。

就在战火纷飞之际，左宗棠初次展露出自己的军事才干，运筹帷幄，调兵遣将，一切都那么轻松自如。果然不出三个月，太平天国撤军北上，长沙由此解围。

两年后，湖南巡抚换届，继任长官为骆秉章。左宗棠再次受到新巡抚的聘请，担任幕僚。在这个职位上，左宗棠一干就是六年。

在这六年里，除了太平天国，其他农民起义也此起彼伏。湖南周围的各省，基本都遭到沦陷，然而只有湖南一省始终岿然不倒。

因为，这里有一个左宗棠，尽管他的地位不高，仅是个师爷。

虽然地位不高，但是他的名气却开始如日中天，以至于全国流传这么一句话："天下不可一日无湖南，湖南不可一日无左宗棠。"可见，左宗棠这个小小的师爷，是多么关键的人物。

因而，很快连中央都知道湖南有这么一号人物，连最高领导咸丰皇帝都有耳闻，由此左宗棠频频受到许多人的举荐。

果然没多久，在曾国藩的举荐下，左宗棠被提拔为浙江巡抚；之后又被提升为闽浙总督；再之后，他又担任钦差大臣，频繁在各省充任督办。

总之，此后的左宗棠以国家重臣的身份，兼任多职，施展自己的才干，游刃有余，平定陕甘、新疆各地的叛乱，为清政府解决了许多严重麻烦。

临终前，这位曾经的落榜生，已经与进士出身的李鸿章、曾国藩、张之洞等中央高官并驾齐驱，齐名一时。

最终，他得以位居当时的"晚清八大名臣"之列，被公认为清末叱咤一时的政坛人物。

附录：古代其他才子落榜名单

吴筠：初唐诗人，性格耿直，进士落第后隐居嵩山，后成为著名道士。

丘为：初唐诗人。曾多年屡试不第，归山后攻读数年，天宝初年，终于进士及第。

祖咏：初唐诗人，少年时就有诗名，跟王维关系较好，因作文字数不合格落榜。开元十二年进士及第，但长期未能授官。后入仕，又遭迁谪，仕途落拓，后归隐汝水一带。

綦毋潜：唐朝田园派诗人，青年时多次落榜，后中进士。名句为“塔影挂清汉，钟声叩白云”。

卢纶：唐朝诗人，中唐大历十才子之一。天宝年间，考进士时遇到黄巢起义，落榜；之后又多次落榜，后来受贵人举荐，才得以跻身大唐公务员之列。

李山甫：唐朝诗人，咸通年间累试不第，文笔雄健，颇有诗名。

赵嘏：晚唐著名诗人，曾受诗人杜牧赞赏。久居长安，多年落第，后始登第，中年早卒。名句为“残星几点雁横塞，长笛一声人倚楼”，因而被誉为“赵倚楼”。

罗邺：晚唐诗人，罗隐之堂弟，“三罗”之一，有“诗虎”之称。咸通年间多次下第，一生不得志。因才名，死后被追赐进士及第。

罗虬：晚唐诗人，“三罗”之一，为人狂放，累举不第。情痴，曾为歌姬杜红儿写诗《比红儿诗》一百首，盛传当时。

林宽：唐朝诗人，生平事迹不详，但作品中有落第诗。名句为“白日莫空过，青春不再来”。

李洞：晚唐诗人，平生多次应试，皆以落榜而告终，终生布衣。名句为“药杵声中捣残梦，茶铛影里煮孤灯”。

高蟾：晚唐抒情诗人。家境贫寒，性倜傥，落第长达十年，后在贵人举荐下登第。名句如“世间无限丹青手，一片伤心画不成”。

李廓：晚唐诗人。年轻时汲汲功名，与贾岛关系很好，不幸多年困于场屋，最终中第。

刘沧：晚唐诗人。酗酒，喜欢聊天，谈古论今。大半生落榜，据《唐才子传》记载，刘沧屡举进士不第，考中时已白发苍苍。

顾非熊：晚唐诗人。诗人顾况之子，性格滑稽，困顿科场达三十年。由于诗才被唐武宗赏识，某次落榜，被追榜后列为进士，成一时佳话。

杜荀鹤：晚唐著名诗人，出身寒微，曾多次赴长安应考，最终不第还山。名句为“风暖鸟声碎，日高花影重”。

李商隐：晚唐著名抒情诗人，曾在“牛李党争”夹缝中多次落榜，后勉强考中进士。名句迭出，如“身无彩凤双飞翼，心有灵犀一点通”等。

孟棨：晚唐长庆年间诗人，落榜三十年，后登第，著有《本事诗》，专讲当时诗人逸事。

郑谷：晚唐著名诗人，“芳林十哲”之一，落第达十六年，黄巢起义时，返归蜀地。曾因名诗《鹧鸪》而被时人誉为“郑鹧鸪”，后中第。

韦庄：五代著名诗人，“花间词”派代表词人。为人任性放旷，身遭黄巢乱世，落第几十年，避乱于江南，最终在五十九岁才及第。

苏洵：北宋文学家，“唐宋八大家”之一，苏轼之父。二十七岁才开始发奋读书，晚学成才，多次科考落榜。后因文才被贵人推荐得以为官。

秦观：北宋著名词人，“苏门六学士”之一，受苏轼格外器重。曾两次落榜，在王安石等名士指点下，后得以中榜，不幸中年早卒。

李廌：北宋文学家，“苏门六学士”之一。受苏轼器重，赞其有“万人敌”之才。不幸直到中年仍旧落榜，之后放弃科考，以文章傲世。

谢逸：宋代江西派代表诗人，诗文俱佳，擅长吟咏蝴蝶，多有佳句，因而有“谢蝴蝶”之称。屡举进士不第，后绝意仕进，以诗文自娱，终身以布衣隐居。

吴文英：南宋著名词人，有“词中李商隐”之称。一生未第，游幕终身。

凌濛初：明代著名文学家，“二拍”作者，与作家冯梦龙一样，屡试不第，落榜多年，郁郁不得志，因而转向创作行业，成为一代小说家，与当时的冯梦龙齐名。

文徵明：明代著名书画家，江南四大才子之一，其书法为明代一绝。多才多艺，但屡次落榜，直到五十三岁仅为贡士，被推荐做官。

祝枝山：明代著名书画家，江南四大才子之一，性格狂放，与唐伯虎性情相投，曾七次落榜。

金圣叹：明末清初著名的文学家、文学批评家。为人孤高，率性而为，狂放不羁。学问渊博，作文不拘一格，故而三度落榜。因明亡誓不仕清。

黄宗羲：明末清初经学家、史学家、思想家。与顾炎武、王夫之并称“明末清初三大思想家”，亦有“中国思想启蒙之父”之誉。明朝科举中两度落榜。进入清王朝，不再参加科考。

金农：清代书画家，“扬州八怪”之一，自小聪明，但命运不济，一生未第，郁郁不得志，但才名日盛。

黄景仁：清代天才诗人，家境清贫，少年时即负诗名，兼具李白和李商隐之风。屡试不第，一生怀才不遇，穷困潦倒，不幸中年夭折。名句如“文章草草皆千古，仕宦匆匆只十年”“似此星辰非昨夜，为谁风露立中宵”“十有九人堪白眼，百无一用是书生”等。

厉鹗：清代著名词人，“浙西派”中坚人物。家贫，性格孤翘，好山水，考过举人，屡考进士不中，遂游览名山大川，悠游一生。